増量　日本国憲法を口語訳してみたら

塚田薫・著　長峯信彦・監修

幻冬舎文庫

文庫版 まえがき

「憲法ってなに？」と訊かれたのは、僕が大学3年生になった春先のことだった。場所は居酒屋。ちょうど憲法を専門に研究するゼミに配属され、そのことを何気なく話したことがきっかけだった。

ここで「立憲主義はね」とか「基本的人権はね」みたいなことを話しても場が白けてしまうだけだと思った僕は、即興で「憲法は要するにこんなことといってんの」とベラベラと喋った。思いの外に盛り上がって、飲みすぎてしまった。

思いつくまま話したことが案外評判がよかったことに気をよくした僕は、今度はネットに投稿してみた。するとあれよあれよという間にあちこちに拡散して、新聞やらテレビやらで紹介され、本にすることが決まった。

どうやら僕が思っていた以上に、「憲法について知りたいけど、なんだか難しそう」と思っている方が多いようだということがわかった。

そうして2013年に出版されたのが『日本国憲法を口語訳してみたら』だ。

しかし単行本化の作業にあたっては、冷や汗が出るような間違いが大量にあり、当時愛知大学の憲法ゼミで僕の指導教官だった長峯信彦先生に監修をお願いして、単行本は完成した。

この関係は、著者と監修者というよりは、出来の悪い学生を居残り指導する教員というふうだっただろうけど、実際にそうだ。

そして単行本が出てからはあちこちに呼ばれてお話ししたり、いろいろな方とお話をする機会を多くいただいた。そのことで、本を書くためにした嫌になるほどの勉強に並ぶほど、いろいろなことを学んだ。いろいろな人がいて、いろいろな考え方があって、それぞれの生活がある。当たり前のことだけど、とても勉強になった。

本書は『日本国憲法を口語訳してみたら』を文庫化しただけでは飽き足らず、内容を全面的に見直し、さらには「憲法の口語訳より、むしろ面白い」といわれたりしたコラムを、最新の情報でアップデートしたものだ。

アメリカ大統領選挙、生活保護、天皇の生前退位、安保法制や集団的自衛権まで、単行本の発売から2017年2月現在までに起きたさまざまな憲法に関わる議論を大幅に書き足した。

これらはどれも、憲法を考えるにはうってつけのテーマだ。単行本より、さらに突っ込んだ内容になったのではないかと自負している。

僕たちの憲法をいまこそ考えよう。

なんで憲法なのかって？　それはとりあえず読んでみてください。そんなに長くない本だから気楽にいきましょう。

塚田　薫

もくじ

憲法がさらにもっとよくわかる！ 厳選コラム5

日本国憲法を口語訳してみたら

（原文あり）

前文

俺たちはちゃんとみんなで選んだトップを通じて、俺たちと俺たちのガキと、そのまたガキのために、世界中の人たちと仲よくして、みんなが好きなことできるようにするよ。

また戦争みたいなひどいことを起こさないって決めて、国の主権は国民にあることを、声を大にしていうぜ。それがこの憲法だ。

そもそも政治っていうのは、俺たちがよぉく考えて選んだ人を政治家として信頼して力を与えているもので、本質的に俺たちのものなんだ。あれだ、リンカーンのいった「人民の、人民による、人民のための政治」ってやつ。

この考え方は人類がみんな目標にするべき基本であって、この憲法はそれにしたがうよ。そんで、それに反するようなルールとか命令は、いっさい認めない。

前文

日本国民は、正当に選挙された国会における代表者を通じて行動し、われらとわれらの子孫のために、諸国民との協和による成果と、わが国全土にわたつて自由のもたらす恵沢を確保し、政府の行為によつて再び戦争の惨禍が起ることのないやうにすることを決意し、ここに主権が国民に存することを宣言し、この憲法を確定する。そもそも国政は、国民の厳粛な信託によるものであつて、その権威は国民に由来し、その権力は国民の代表者がこれを行使し、その福利は国民がこれを享受する。これは人類普遍の原理であり、この憲法は、かかる原理に基くものである。われらは、これに反する一切の憲法、法令及び詔勅を排除する。

俺たちはやっぱ平和がいいと思うし、人間って本質的にはお互いにちゃんとうまくやっていけるようにできてると信じるから、同じように平和であってほしいと思う世界中の人たちを信頼する。そのうえで俺たちはちゃんと生きていこうと決めたんだ。

人を踏みにじって奴隷みたいな酷《ひど》い扱いをすることや、くだらない偏見や差別をなくそうとしている世界のなかで、平和を守って、ちゃんと行動したいと思うのね。

名誉ある地位っていうかさ、なんかそういうの、かっこいいじゃん。

そのうえで声を大にしていうよ。

「全世界の人は、みんな、なににも怯《おび》えることなく、飢えることもなく、平和に生きる権利を持っている！」

この理想は俺たちの国だけじゃなくて、ほかのどの国にも通用するもので、一人前の国でいたいと思うなら、これを守ることは各国の義務だよ。わかってる？

俺たちはここにかかげたことを、本気で目指すと誓う。誰に？

俺たちの名誉と世界に！

日本国民は、恒久の平和を念願し、人間相互の関係を支配する崇高な理想を深く自覚するのであつて、平和を愛する諸国民の公正と信義に信頼して、われらの安全と生存を保持しようと決意した。われらは、平和を維持し、専制と隷従、圧迫と偏狭を地上から永遠に除去しようと努めてゐる国際社会において、名誉ある地位を占めたいと思ふ。われらは、全世界の国民が、ひとしく恐怖と欠乏から免かれ、平和のうちに生存する権利を有することを確認する。

われらは、いづれの国家も、自国のことのみに専念して他国を無視してはならないのであつて、政治道徳の法則は、普遍的なものであり、この法則に従ふことは、自国の主権を維持し、他国と対等関係に立たうとする各国の責務であると信ずる。

日本国民は、国家の名誉にかけ、全力をあげてこの崇高な理想と目的を達成することを誓ふ。

第1章 天皇

第1条 この国の主権は、国民のものだよ。というわけで一番偉いのは俺たちってこと。天皇は日本のシンボルで、国民がまとまってるってことを示すためのアイコンみたいなものだよ。

第2条 天皇は世襲《せしゅう》っていって、親から子へと継《つ》いでもらうよ。これは国会で決めた皇室典範《こうしつてんぱん》っていうのにしたがって決まるよ。

第3条 天皇は国事行為っていう国の仕事をやるけど、これはみんな内閣からのアドバイスと、内閣がOK出してるってことが必要だからね。で、その責任は内閣が負わなきゃいけないんだ。

第4条 天皇は、この憲法で決めたこと以外はできないよ。政治についての

皇室典範では、天皇や皇族の儀式や地位を具体的に決めている。死去や即位の儀式だったり、天皇の地位を継ぐ順番や、敬称をどうするか、などについて書かれているよ。

第1章　天　皇

第1条　天皇は、日本国の象徴であり日本国民統合の象徴であつて、この地位は、主権の存する日本国民の総意に基く。

第2条　皇位は、世襲のものであつて、国会の議決した皇室典範の定めるところにより、これを継承する。

第3条　天皇の国事に関するすべての行為には、内閣の助言と承認を必要とし、内閣が、その責任を負ふ。

第4条　天皇は、この憲法の定める国事に関する行為のみを行ひ、国政に関する権能を有しない。

権限がないってことだね。

2項　天皇は、法律にしたがって、国の仕事をほかの人にかわってもらうことができるよ。

第5条　皇室典範にしたがって摂政《せっしょう》（天皇が幼少だったり病気のときなどにかわりをする人）をおくときは、摂政は天皇のかわりに国の仕事をやるよ。この摂政がやることも、第4条の1項で決めたことにしたがうよ。

第6条　天皇は国会で決めた人を、総理大臣に任命するよ。

2項　天皇は内閣の指名した人を、最高裁判所の長官に任命するよ。

第7条　天皇は内閣の決めたことにしたがって、次のことをやるよ。

1. 憲法の改正、新しくできた法律、政令（法律を補うための命令）や外国と決めた条約をみんなに知らせる。
2. 国会議員を呼んで、国会を開く。

2項　天皇は、法律の定めるところにより、その国事に関する行為を委任することができる。

第5条　皇室典範の定めるところにより摂政を置くときは、摂政は、天皇の名でその国事に関する行為を行ふ。この場合には、前条第一項の規定を準用する。

第6条　天皇は、国会の指名に基いて、内閣総理大臣を任命する。

2項　天皇は、内閣の指名に基いて、最高裁判所の長たる裁判官を任命する。

第7条　天皇は、内閣の助言と承認により、国民のために、左の国事に関する行為を行ふ。

1．憲法改正、法律、政令及び条約を公布すること。

2．国会を召集すること。

3. 衆議院を解散する。
4. 国会議員の総選挙をやることを、みんなに知らせる。
5. 内閣の大臣や、法律で決めてあるほかの公務員を形式的に任命したり、辞めさせたり、外国に送る大使や公使がきちんとした立場であることを証明する紹介状にお墨つきをあげる。
6. 国が決めた刑罰をやめたり軽くしたり、国が制限してる誰かの権利を回復させることにお墨つきをあげる。
7. 偉いことをやった人をほめる。
8. 外国とのつき合いで決めた約束や、いろいろな書類にお墨つきをあげる。
9. 外国から来た大使や公使の相手をする。
10. 国の儀式をやる。

第8条　皇室の財産をどうこうするときや、誰かにあげるときは、国会で許可をもらってからやってね。

3. 衆議院を解散すること。
4. 国会議員の総選挙の施行を公示すること。
5. 国務大臣及び法律の定めるその他の官吏の任免並びに全権委任状及び大使及び公使の信任状を認証すること。
6. 大赦、特赦、減刑、刑の執行の免除及び復権を認証すること。
7. 栄典を授与すること。
8. 批准書及び法律の定めるその他の外交文書を認証すること。
9. 外国の大使及び公使を接受すること。
10. 儀式を行ふこと。

第8条　皇室に財産を譲り渡し、又は皇室が、財産を譲り受け、若しくは賜与することは、国会の議決に基かなければならない。

第2章　戦争の放棄

第9条　俺たちは筋と話し合いで成り立ってる国どうしの平和な状態こそ、大事だと思う。だから国として、武器を持って相手をおどかしたり、直接なぐったり、殺したりはしないよ。もし外国となにかトラブルが起こったとしても、それを暴力で解決することは、もう永久にしない。戦争放棄だ。

2項　で、1項で決めた戦争放棄という目的のために軍隊や戦力を持たないし、交戦権も認めないよ。大事なことだから釘さしとくよ。

この条項はここ数年の間で集団的自衛権の話と絡んで、とても注目されているね。そこらへんの話は、コラム2「『日本国憲法』はどうやってつくられたの?」とコラム3「憲法9条ってなんでそんなに重要なのさ」の追記部分で詳しく説明しているので、そっちも見てね。

第2章　戦争の放棄

第9条　日本国民は、正義と秩序を基調とする国際平和を誠実に希求し、国権の発動たる戦争と、武力による威嚇又は武力の行使は、国際紛争を解決する手段としては、永久にこれを放棄する。

2項　前項の目的を達するため、陸海空軍その他の戦力は、これを保持しない。国の交戦権は、これを認めない。

第3章　国民の権利及び義務

第10条　誰が日本国民に当てはまるかの基準は、また別の法律で決めるね。

第11条　俺たち国民は、ちゃんと一人の個人として生きていけるんだよ。これはずっと続いて、俺たちのガキとか、そのまたガキとか、すべての国民が持つ永久の権利だよ。これがいわゆる基本的人権ってやつね。

第12条　この憲法で決めた国民の権利や自由は、俺たち国民ががんばってきっちり守っていくぜ。でも、権利があるからって横着《おうちゃく》すんなよ。

権利！自由！といっても、なにをやってもいいわけじゃない。それを制限するのが「公共の福祉」という考え方だ。ざっくりいうと、「他人の権利を侵害しないかぎり」ということ。たとえば、なにかがほしいとしても、盗んではいけない。他人の所有権を侵してしまうからだ。特定の個人の権利を侵害するものでなくとも、制限を受ける場合もある。たとえばお寺が並んでいるなかにエグくてケバい建物があったら、雰囲気も壊れるし観光客も減るしで、近所の人たちは困る。だから、こういうのは景観法やその地域の条例なんかで制限されるよ。

第3章　国民の権利及び義務

第10条　日本国民たる要件は、法律でこれを定める。

第11条　国民は、すべての基本的人権の享有を妨げられない。この憲法が国民に保障する基本的人権は、侵すことのできない永久の権利として、現在及び将来の国民に与へられる。

第12条　この憲法が国民に保障する自由及び権利は、国民の不断の努力によつて、これを保持しなければならない。又、国民は、これを濫用してはならないのであつて、常に公共の福祉のためにこれを利用する責任を負ふ。

第13条　俺たち国民は、みんな個人としてちゃんと扱われる価値があるし、すべての人は自分なりの幸せを追い求める権利があるんだ。このためにこそ、政治家とか役所の人たちはがんばってくれよ。でも国民も権利があるからといって、横着はすんなよ。お前に権利があるように、人様にも権利があるんだからな。

第14条　俺たちはみんな平等だよ。人種とか考え方とか性別とか身分や出身地だったり、そういう自分でどうしようもできないことなんかで差別する法律や政治は、絶対に認めないよ。

2項　貴族とか華族なんかの制度は認めないからな。

3項　いいことやったヤツはほめるけど、それはお前が偉いってことじゃなくて、お前がいいことやったからで、自慢していいのはお前だけだよ。子どもとか関係ないからな。

「法の下に平等」ということで、2013年には最高裁判所で、嫡出子《ちゃくしゅつし》（結婚している男女の間の子）と非嫡出子の相続分に差がある民法の規定は違憲だっていう決定が出たね。

第13条　すべて国民は、個人として尊重される。生命、自由及び幸福追求に対する国民の権利については、公共の福祉に反しない限り、立法その他の国政の上で、最大の尊重を必要とする。

第14条　すべて国民は、法の下に平等であつて、人種、信条、性別、社会的身分又は門地により、政治的、経済的又は社会的関係において、差別されない。

2項　華族その他の貴族の制度は、これを認めない。

3項　栄誉、勲章その他の栄典の授与は、いかなる特権も伴はない。栄典の授与は、現にこれを有し、又は将来これを受ける者の一代に限り、その効力を有する。

第15条　公務員を選んだり辞めさせたりできるのは、俺たち国民だけの権利だよ。
2項　公務員っていうのは、みんなのために仕事するんであって、一部の人のために仕事しちゃだめだよ。
3項　選挙は成人してる人なら、誰でも投票できるよ。普通選挙ってヤツね。
4項　選挙で誰に投票したとかは、内緒にしてていいよ。誰に入れようがお前の自由だし、そのことでやいのやいのいわれることはないよ。

第16条　俺たちは、受けた被害を補償《ほしょう》させたり、だめな公務員を辞めさせてほしいとか、法律をつくったり直したり廃止してほしいとか、要求することができるよ。もちろん、それで嫌がらせとかはされないよ。

第17条　俺たちは、もし国や公務員がちゃんとした理由がないのに、俺たちの権利を侵したら、国とか公的なとこに、その補償をしろって要求できるよ。

2016年からは18歳から投票できるようになったね。

第15条　公務員を選定し、及びこれを罷免することは、国民固有の権利である。
2項　すべて公務員は、全体の奉仕者であつて、一部の奉仕者ではない。
3項　公務員の選挙については、成年者による普通選挙を保障する。
4項　すべて選挙における投票の秘密は、これを侵してはならない。選挙人は、その選択に関し公的にも私的にも責任を問はれない。

第16条　何人も、損害の救済、公務員の罷免、法律、命令又は規則の制定、廃止又は改正その他の事項に関し、平穏に請願する権利を有し、何人も、かかる請願をしたためにいかなる差別待遇も受けない。

第17条　何人も、公務員の不法行為により、損害を受けたときは、法律の定めるところにより、国又は公共団体に、その賠償を求めることができる。

第18条　俺たちは絶対に、奴隷みたいなひどい扱いはされないからな。でも、悪いことやって刑務所とかに入るときは、まあしょうがないから素直にお勤めしよう。でもそれ以外で、自分がしたくないことを無理矢理させられることは、決してないよ。

第19条　どんな考えでも、それはお前の考えなんだから、大事にされるよ。もし公権力がお前の考えや良心に反することを要求しても、全部無視していいよ。

第20条　どんな宗教も、信じたり信じなかったりするのは俺たちの自由だよ。あと、どんな宗教団体も、国に特別扱いされてはいけないし、政治に手を出しちゃだめだよ。俺たちが平等なら、神様も仏様もみな平等な。

2項　俺たちは、参加したくない宗教の儀式とか、参加しなくてもいいよ。

刑務官は刑務所や拘置所をちゃんと運営するのが仕事だけど、やりすぎちゃったら責任を問われる。やりすぎた例として2001年に名古屋刑務所であった事件では、受刑者が消防用の高圧放水ホースで水をかけられて亡くなった。そして受刑者の遺族が裁判を起こし、2006年に京都地裁は、国が遺族に3900万円を支払うように命じているよ。ひどい話だよね。

第18条　何人も、いかなる奴隷的拘束も受けない。又、犯罪に因る処罰の場合を除いては、その意に反する苦役に服させられない。

第19条　思想及び良心の自由は、これを侵してはならない。

第20条　信教の自由は、何人に対してもこれを保障する。いかなる宗教団体も、国から特権を受け、又は政治上の権力を行使してはならない。

2項　何人も、宗教上の行為、祝典、儀式又は行事に参加することを強制されない。

3項　国及びその機関は、宗教教育その他いかなる宗教的活動もしてはならない。

3項　国や公的なところは、宗教っぽい教育とか、特定の宗教に関わることを絶対にしちゃだめだよ。

第21条　みんなで集まって考えたり、自分の考えを喋ったり、本とかにしたりして表現することは、すべて自由だぜ。どんな表現でも、それはお前の権利だから、胸はってやれよ。

2項　国は検閲《けんえつ》っていって、発表される前の本なんかの内容をチェックしたり、いちゃもんつけたりしちゃだめだよ。あと、どんな話をしたとか、どんな考えを持ってるとかを探っちゃだめだよ。検閲の禁止と通信の秘密な。

第22条　みんな他人に迷惑かけないかぎり、どこへ行くのも住むのも自由だし、どんな仕事を選ぶかも自由だよ。

2項　俺たち国民はどこでも好きな国へ移住できるし、日本の国民でいることをやめるのも自由なんだ。

みんなが自由に話し合えなくなったら、社会全体がヤバい方向へ行きそうなときにストッパーがなくなっちゃうからね。でも、「表現の自由」があるといっても、なんでもありってわけじゃない。たとえば刑法の名誉毀損とか。2016年には「ヘイトスピーチ」といって民族や人種や出身地なんかで人を一括りにして「追い出せ」とか「殺せ」とかそういう差別的なメッセージを発することを禁じた法律ができた。この法律がどうやって運用されていくかはまだまだこれからだ。

第21条　集会、結社及び言論、出版その他一切の表現の自由は、これを保障する。
2項　検閲は、これをしてはならない。通信の秘密は、これを侵してはならない。
第22条　何人も、公共の福祉に反しない限り、居住、移転及び職業選択の自由を有する。
2項　何人も、外国に移住し、又は国籍を離脱する自由を侵されない。

第23条　みんな、なにを勉強するのも自由だよ。自分のしたい勉強を思いっきりしような。

第24条　まずいっておくけど、男女はどっちが偉いとか、ないからな。結婚はお互いがこの人と一緒になりたいと思ったからこそ、できるんだ。結婚したら、仲よく助け合って、幸せに暮らせよ。

2項　1項でいってるように、誰と結婚するか、財産をどうするか、離婚や家族の関係とかの決めごとは、男女はそもそも完全に平等なんだってことをちゃんと頭にたたき込んで、決めなきゃだめだよ。

第25条　俺たちはみんな、健康で人間らしい最低限の生活をする権利があるよ。

2項　国は、このためにできることをちゃんとやれよ。

この条項は憲法ができた当時、女の人は家や親の都合で結婚させられることが多かったのをやめさせようという話だったけれど、現在は同性婚についてはどうなのか？　という議論がされている。そんななかで東京都世田谷区と渋谷区では、同性カップルに対して、結婚に相当するパートナーの関係にありますよってことを証明する書類を出す条例ができたね。いわゆるパートナーシップ条例だ。

第23条　学問の自由は、これを保障する。

第24条　婚姻は、両性の合意のみに基いて成立し、夫婦が同等の権利を有することを基本として、相互の協力により、維持されなければならない。

2項　配偶者の選択、財産権、相続、住居の選定、離婚並びに婚姻及び家族に関するその他の事項に関しては、法律は、個人の尊厳と両性の本質的平等に立脚して、制定されなければならない。

第25条　すべて国民は、健康で文化的な最低限度の生活を営む権利を有する。

2項　国は、すべての生活部面について、社会福祉、社会保障及び公衆衛生の向上及び増進に努めなければならない。

第26条 俺たちは自分の能力に見合った教育を受ける権利があるよ。詳しくは別の法律見てね。

2項 あと自分の子どもにかぎらないけど、面倒見てる子どもがいたら、ちゃんと中学までは教育を受けさせろよ。これは大事なことだから、中学まで公立学校はタダでやらなきゃだめだよ。

第27条 俺たちには働く権利があるし、同時に義務でもあるよ。

2項 給料や休みとか働くにあたってのルールは、別の法律で。

3項 子どもにきつい仕事をさせるなよ。

第28条 俺たちは仕事するうえで不満があったら、みんなでグループをつくったり、そのグループで行動したり、会社なんかの雇い主と交渉したり、ストライキをしたりする権利があるよ。

よくされる間違いだけど、教育の義務を負っているのは、大人。これ大事なところね。子どもは教育を受ける権利があるだけであって、義務はない。極端な話だけど、校則に違反している小中学生にも、教育を受ける権利はあるよ。

小林《こばやし》多《た》喜《き》二《じ》の『蟹工船《かにこうせん》』で描かれたように、かつて労働法が未整備であった時代は、労働者にとってものすごく不利な状況だった。社長や上司に頭が上がりにくいとかっていう甘いレベルではなく、給料や扱いについて文句をいったら、クビにされても当然という状況だ。恐ろしい……。

第26条　すべて国民は、法律の定めるところにより、その能力に応じて、ひとしく教育を受ける権利を有する。
　2項　すべて国民は、法律の定めるところにより、その保護する子女に普通教育を受けさせる義務を負ふ。義務教育は、これを無償とする。

第27条　すべて国民は、勤労の権利を有し、義務を負ふ。
　2項　賃金、就業時間、休息その他の勤労条件に関する基準は、法律でこれを定める。
　3項　児童は、これを酷使してはならない。

第28条　勤労者の団結する権利及び団体交渉その他の団体行動をする権利は、これを保障する。

第29条　自分の財産は自分のものだよ。

2項　とはいっても、いろいろ問題が起こりかねないから、財産については、また違う法律でね。

3項　国は、みんなのために個人の財産を使わせてもらうことがあるけど、そのときはちゃんと補償をしなきゃだめだよ。

第30条　いいか、お前ら、よく聞け。税金は払え。脱税とかセコいことすんなよ。そこの社長さん、わかってる？

自分の財産は自分のものというのが大原則だけど、たとえば空港建設のため住民に立ちのきを求めるなど、社会のために国は個人の財産を譲り受けることができる。もちろん住民には、それ相応のお金なんかで補償しなくちゃいけないよ。ただ、昔から「国はどこまでできるのか」は議論になっている。1960〜1970年代に成田空港をつくるときは、学生運動が盛んな時代だったこともあって、大規模な抗議運動になったね。最近では米軍基地の移転の問題があるよ。

第29条 財産権は、これを侵してはならない。
2項 財産権の内容は、公共の福祉に適合するやうに、法律でこれを定める。
3項 私有財産は、正当な補償の下に、これを公共のために用ひることができる。
第30条 国民は、法律の定めるところにより、納税の義務を負ふ。

第31条　俺たちは、ちゃんとした法律にしたがった手続き以外で、命や自由を奪われないし、そのほかの刑罰も受けることはないからな。

第32条　俺たちは、ちゃんとした裁判を受ける権利があるよ。

第33条　俺たちは、悪いことをした現場を押さえられたってぃう現行犯逮捕以外は、ちゃんとしたところが出した命令書でその理由をはっきり知らされないかぎり、逮捕されることはないよ。

「オマエ、立ちションって罪(軽犯罪法違反)を犯したし、気に食わない顔してるから死刑」みたいなことを国ができてしまったら、とっても怖いよね。そりゃ立ちションはよくないけど。どういう行為が罪になって、どれくらいの罰を与えられるかは刑法で決め、具体的な手続きは刑事訴訟法が決めている。罪刑法定主義ってやつだ。警察とか裁判所の手続きってめんどくさいけど、好きで書類ばっか書いてるわけじゃないんだから、多少イラッとしても大目に見てあげよう。ちなみに「法治主義(国家)」という言葉と「罪刑法定主義」はよく混同されるけど、「法治」というのは法の範囲内で政治をやるっていう意味なので要注意だ。

第31条 何人も、法律の定める手続によらなければ、その生命若しくは自由を奪はれ、又はその他の刑罰を科せられない。

第32条 何人も、裁判所において裁判を受ける権利を奪はれない。

第33条 何人も、現行犯として逮捕される場合を除いては、権限を有する司法官憲が発し、且つ理由となつてゐる犯罪を明示する令状によらなければ、逮捕されない。

第34条　理由をいわずにいきなり俺たちを逮捕して、しかも弁護士を呼ぶ権利を与えないのは違法だよ。ちゃんとした理由がないと拘束されないし、国は求められたら、すぐに逮捕の理由を、本人と弁護士の出席する法廷でちゃんと公開しないとだめだよ。

第35条　俺たちはちゃんとした理由と手続きがないかぎり、自分の財産や書類とかを没収されないし、家とか自分の空間に勝手に入り込まれたりしないからな。

2項　犯罪の捜査やそのための証拠品集めは、ちゃんとしたところが出した命令書にしたがってやれよ。

第36条　公務員は、刑罰とかでエグいことすんなよ。拷問《ごうもん》なんてもってのほかだからな。絶対な。

裁判で法律を知らない人が、警察官や検察官と渡り合うのは大変。だから罪を疑われて捕まった人は、いつでも「弁護士を呼べ!」っていう権利が認められてるんだ。アテがない人もいるだろうから、弁護士会がローテーションで弁護士を送ってきてくれたりもする。3年より長い懲役刑が定められている犯罪については、弁護士がつかないと裁判を行うことができないって刑事訴訟法で決められている。ちなみに裁判にかかった費用は、有罪になったら、被告人は少なくとも一部は負担することになるんだ。でも、お金がなかったりして払えない人は、まあしょうがないから裁判所のおごりってことで。特に事情がない場合は、全額払わされるのが普通だよ。

第34条 何人も、理由を直ちに告げられ、且つ、直ちに弁護人に依頼する権利を与へられなければ、抑留又は拘禁されない。又、何人も、正当な理由がなければ、拘禁されず、要求があれば、その理由は、直ちに本人及びその弁護人の出席する公開の法廷で示されなければならない。

第35条 何人も、その住居、書類及び所持品について、侵入、捜索及び押収を受けることのない権利は、第三十三条の場合を除いては、正当な理由に基いて発せられ、且つ捜索する場所及び押収する物を明示する令状がなければ、侵されない。

2項 捜索又は押収は、権限を有する司法官憲が発する各別の令状により、これを行ふ。

第36条 公務員による拷問及び残虐な刑罰は、絶対にこれを禁ずる。

第37条　俺たちは罪を犯したと疑われたとき、きちっとした裁判所で、さくっと裁判を受けられるよ。もちろん、その様子は公開されるから、密室での秘密裁判で裁かれることはないよ。

2項　その裁判で俺たちは、証人にきっちり物事を確認することができるし、自分に有利になる証人を、「国の金で探して連れてきて」と求めることもできるよ。

3項　俺たちが裁判を受けるときは、どんなときも弁護士を呼ぶことができるよ。金がないとかで呼べない場合は、国がなんとかするからな。

第38条　俺たちは裁判で、自分に都合の悪い話をすることを、無理強いされないからな。

2項　拷問とか不当に長く拘束するとかのエグいやり方で無理矢理させられた証言は、証拠として意味を持たないからな。

3項　自白しか証拠がないときは、もう無罪ね。

第37条　すべて刑事事件においては、被告人は、公平な裁判所の迅速な公開裁判を受ける権利を有する。

2項　刑事被告人は、すべての証人に対して審問する機会を充分に与へられ、又、公費で自己のために強制的手続により証人を求める権利を有する。

3項　刑事被告人は、いかなる場合にも、資格を有する弁護人を依頼することができる。被告人が自らこれを依頼することができないときは、国でこれを附する。

第38条　何人も、自己に不利益な供述を強要されない。

2項　強制、拷問若しくは脅迫による自白又は不当に長く抑留若しくは拘禁された後の自白は、これを証拠とすることができない。

3項　何人も、自己に不利益な唯一の証拠が本人の自白である場合には、有罪とされ、又は刑罰を科せられない。

第39条　俺たちは、あとでできた法律で裁かれたりしないよ。あと出しジャンケンみたいじゃん。あと、同じことで2回逮捕されたり、裁かれたりすることはないからな。

第40条　裁判で無罪が証明されたら、間違って捕まっていたってことだから、その間に受けた損害金とかを国に要求できるよ。そのための法律あるから、詳しくはそっちを見てね。

第4章　国　会

第41条　国会は、国の最高の権力機関だからね。国の法律は、国会でしかつくれないんだ。

なんといっても法律は、その国の中では有無をいわせずに実行できる強いルールだからね。

第39条　何人も、実行の時に適法であつた行為又は既に無罪とされた行為については、刑事上の責任を問はれない。又、同一の犯罪について、重ねて刑事上の責任を問はれない。

第40条　何人も、抑留又は拘禁された後、無罪の裁判を受けたときは、法律の定めるところにより、国にその補償を求めることができる。

第4章　国　会

第41条　国会は、国権の最高機関であつて、国の唯一の立法機関である。

第42条　国会には、衆議院（衆院）と参議院（参院）があるよ。

第43条　国会議員は前文にあるとおり、選挙で選ばれた俺たちの代表だよ。

2項　定員については、別の法律で決めるね。

第44条　立候補できる資格は別の法律で決めるけど、14条で決めた、みんな平等ってことを忘れちゃだめだよ。学歴とか収入とか人種とか考え方とか性別とか家柄とかで、変なルールつくるなよ。

第45条　基本的に衆院議員は4年やってもらうよ。もし途中で解散した場合は、悪いけど繰り上げで辞めてね。

第46条　参院議員のほうは6年やってね。あと3年ごとに半

衆院には内閣不信任決議権があったり、法律案や予算案なんかを審議するときに参院より優先されることが多い。だけど任期の途中で解散させられるなど、参院に比べて任期が短いっていう特徴があるよ。つまり、民意を敏感に反映するのが衆院だけど、それは一つの政党や勢力が議会を独占する「暴走」の危険があるということでもある。
そこで参院には、議会としての判断をできるだけ政党や勢力から離しておけるように、"議長と副議長は政党に入っちゃだめ"っていう決まりがあったり、任期を保障することで長期的に安定した立場から冷静に衆院と向き合うことが期待されているわけ。
「ねじれ国会」というのが批判的な意味でいわれることがあるけど、こういうことを考えるとめちゃくちゃ悪いってわけではない。

第42条　国会は、衆議院及び参議院の両議院でこれを構成する。

第43条　両議院は、全国民を代表する選挙された議員でこれを組織する。

2項　両議院の議員の定数は、法律でこれを定める。

第44条　両議院の議員及びその選挙人の資格は、法律でこれを定める。但し、人種、信条、性別、社会的身分、門地、教育、財産又は収入によつて差別してはならない。

第45条　衆議院議員の任期は、四年とする。但し、衆議院解散の場合には、その期間満了前に終了する。

第46条　参議院議員の任期は、六年とし、三年ごとに議員の半数を改選する。

分の議員を選び直すからね。

第47条　選挙の投票の区域分けとか、選挙のやり方は、別の法律で決めるよ。

第48条　衆院と参院の議員を同時にはやれないよ。

第49条　議員には給料や活動に必要なお金をあげるよ。詳しくは別の法律でね。

第50条　議員は法律で決められている場合をのぞいて、国会が開かれている間は逮捕されないよ。国会が開かれる前に逮捕されたとしても、議会が要求すれば、一時的にシャバに出てこれるよ。

「議員様様だぜ！ ひゃっはー」というわけでは、もちろんない。議員が対抗勢力やほかの公権力に不当な弾圧を受けないための特権。まあ国民の代表だから保護するのは当然ともいえるかも。ロッキード事件で田中角栄さんは逮捕されたけど、国会が開かれている時期ではなかったよ。
ドイツでは、ヒトラーひきいるナチス党が、独裁をできるようにする「全権委任法」という法律を作るために、反対派の議員たちをでっち上げた罪で逮捕して国会から追い出した上で、法律を成立させた例があるね。

第47条　選挙区、投票の方法その他両議院の議員の選挙に関する事項は、法律でこれを定める。

第48条　何人も、同時に両議院の議員たることはできない。

第49条　両議院の議員は、法律の定めるところにより、国庫から相当額の歳費を受ける。

第50条　両議院の議員は、法律の定める場合を除いては、国会の会期中逮捕されず、会期前に逮捕された議員は、その議院の要求があれば、会期中これを釈放しなければならない。

第51条　議員になった人は、国会でやった演説とか討論とか政治活動で、国会の外で誰からも責任を問われることはないよ。だから安心して政治をやってね。

第52条　毎年1回は通常国会っていうのを開くから、必ず集まってね。

第53条　内閣は通常国会で話し合いが終わらなかったら、臨時国会っていうのを開けるんだ。どっちかの議院に在籍している議員の4分の1以上が臨時国会やれっていったら、みんな集めて議会を開かなきゃだめだよ。

第54条　衆院が解散したときは40日以内に衆院の選挙をやり直して、そっからまた30日以内に議会を再開しなきゃだめだよ。大事な機関だからね。

2項　衆院がぽーんと解散してるときは、参院もお休みするよ。でも、内閣が、急ぎで決めておかなきゃまずいなってことがあったら、参院を緊急で開いていいよ。

3項　2項みたいなときに参院で決められたことは臨時のものだから、衆院が復活したら改めて衆院で話し合って、問題がなければそのままOK。だめだったらだ

第51条　両議院の議員は、議院で行つた演説、討論又は表決について、院外で責任を問はれない。

第52条　国会の常会は、毎年一回これを召集する。

第53条　内閣は、国会の臨時会の召集を決定することができる。いづれかの議院の総議員の四分の一以上の要求があれば、内閣は、その召集を決定しなければならない。

第54条　衆議院が解散されたときは、解散の日から四十日以内に、衆議院議員の総選挙を行ひ、その選挙の日から三十日以内に、国会を召集しなければならない。

2項　衆議院が解散されたときは、参議院は、同時に閉会となる。但し、内閣は、国に緊急の必要があるときは、参議院の緊急集会を求めることができる。

3項　前項但書の緊急集会において採られた措置は、臨時のものであつて、次の国会開会の後十日以内に、衆議院の同意がない場合には、その効力を失ふ。

めってことで。期限は衆院復活から10日だから、急げ！

第55条　衆院と参院は所属する議員がなんか悪いことしたら、裁判できるよ。あと、その議員を辞めさせるには、そのときに出席している議員の3分の2以上が賛成しなきゃだめだよ。

第56条　衆院と参院ともに、在籍している議員の3分の1以上が出席していなかったら、国会を開けないよ。

2項　国会は基本的に、出席している議員の半分が賛成したら、話し合っていることを決定できるよ。賛否が同数だったら、議長がどっちにするか決めてね。

両方の議会がOKしないと物事を決められないのが原則だから、衆院がいないときに参院だけが決めた「とりあえず」のOKは、衆院が新しく集まったら、できるだけ早くに衆院にもOKもらわなきゃいけないよ。

第55条　両議院は、各々その議員の資格に関する争訟を裁判する。但し、議員の議席を失はせるには、出席議員の三分の二以上の多数による議決を必要とする。

第56条　両議院は、各々その総議員の三分の一以上の出席がなければ、議事を開き議決することができない。

2項　両議院の議事は、この憲法に特別の定のある場合を除いては、出席議員の過半数でこれを決し、可否同数のときは、議長の決するところによる。

第57条　国会は基本的に公開でやらなきゃだめだからね。でも、これはちょっと内緒でしたほうがいいかもっていうのについては、出席している議員の3分の2以上が賛成したら、秘密会っていうのをしてもいいよ。

2項　秘密会のなかでも、特に内緒でやったほうがいいって決まったこと以外は、記録をとって公開しなきゃだめだよ。

3項　各議員がどんな判断をしたかってことは、出席議員の5分の1が要求すれば、会議の記録にのせなきゃだめだよ。

第58条　衆院と参院は、それぞれの議長とか役員を決めるよ。

2項　衆院と参院は、それぞれ話し合いに必要なルールを決められるよ。あと、ルール違反したり、横着した議員がいたら、罰を与えたりできるよ。それでクビにする場合は、出席してる議員の3分の2以上の賛成が必要だからね。

いままで国会の本会議を秘密会にしたことはないけど、委員会ではたびたび秘密会がある。委員会というのは議員がそれぞれの専門分野ごとに振り分けられて、法案とか予算案とか、国会で話し合うことを、事前に調整するためのもの。秘密会は、議員の犯罪捜査のために、捜査当局から「逮捕してもいい?」という請求を受けたときに開かれることが多いみたい。

第57条　両議院の会議は、公開とする。但し、出席議員の三分の二以上の多数で議決したときは、秘密会を開くことができる。

2項　両議院は、各々その会議の記録を保存し、秘密会の記録の中で特に秘密を要すると認められるもの以外は、これを公表し、且つ一般に頒布しなければならない。

3項　出席議員の五分の一以上の要求があれば、各議員の表決は、これを会議録に記載しなければならない。

第58条　両議院は、各々その議長その他の役員を選任する。

2項　両議院は、各々その会議その他の手続及び内部の規律に関する規則を定め、又、院内の秩序をみだした議員を懲罰することができる。但し、議員を除名するには、出席議員の三分の二以上の多数による議決を必要とする。

第59条　出された法律案は、基本的に衆院と参院でOKが出たら、つまり可決されたら法律になるよ。

2項　衆院で可決されたものが参院でだめになっても、もう1回衆院で出席している議員の3分の2が賛成したら、有効だよ。

3項　まあ意見が食い違ったときは、衆院と参院が話し合ってもいいよ。協議会ってやつね。

4項　衆院で可決されてから参院にゆだねられ、それから60日以内（休会日はカウントせず）に決まらなかったら、これはなんとなくだめって参院が判断したということにするよ。

第60条　国の予算をどうするかっていうのは、先に衆院で話し合うからね。

2項　予算のことで衆院と参院の意見が割れて、協議会開いても話がつかないときとか、参院が30日以内（これも休会日はノーカンね）に決めないときは、衆院の案でなんとなくOKってことで、予算決めていいよ。

第59条　法律案は、この憲法に特別の定のある場合を除いては、両議院で可決したとき法律となる。
2項　衆議院で可決し、参議院でこれと異なつた議決をした法律案は、衆議院で出席議員の三分の二以上の多数で再び可決したときは、法律となる。
3項　前項の規定は、法律の定めるところにより、衆議院が、両議院の協議会を開くことを求めることを妨げない。
4項　参議院が、衆議院の可決した法律案を受け取つた後、国会休会中の期間を除いて六十日以内に、議決しないときは、衆議院は、参議院がその法律案を否決したものとみなすことができる。

第60条　予算は、さきに衆議院に提出しなければならない。
2項　予算について、参議院で衆議院と異なつた議決をした場合に、法律の定めるところにより、両議院の協議会を開いても意見が一致しないとき、又は参議院が、衆議院の可決した予算を受け取つた後、国会休会中の期間を除いて三十日以内に、議決しないときは、衆議院の議決を国会の議決とする。

第61条　外国と決める条約についても、60条2項の感じでよろしくね。

第62条　衆院と参院は、政治がどんな状況かについて調べることができるよ。そのときに必要だと思ったら、証人として詳しい人を呼べるし、資料とか記録について知ってる人とか組織があったら、「提出してね」ってお願いできるよ。

第63条　内閣のメンバー（総理大臣とそのほかの大臣）は、衆参どっちの議会でも、話し合ってるテーマについて発言できるよ。自分がその議会に議席を持っていなくてもね。あと、「ちょっと聞きたいことがあるから」って呼ばれたら、行かなきゃだめよ。

第64条　「こいつ、辞めさせたほうがよくね？」っていう裁判官がいたら、それについて衆院と参院から人を集めて、国会が裁判をするよ。弾劾《だんがい》裁判ってやつだね。

裁判所が、身内のしでかした不始末をなあなあにしないように、国会がきちんと裁くことを決めている条文だ。ちなみにこの制度でこれまで7名の裁判官がクビになり、2000年以降は3名の裁判官がクビになった。ストーカー行為、児童買春や収賄なんかの汚職が原因だね。意外でしょ？

第61条　条約の締結に必要な国会の承認については、前条第二項の規定を準用する。

第62条　両議院は、各々国政に関する調査を行ひ、これに関して、証人の出頭及び証言並びに記録の提出を要求することができる。

第63条　内閣総理大臣その他の国務大臣は、両議院の一に議席を有すると有しないとにかかはらず、何時でも議案について発言するため議院に出席することができる。又、答弁又は説明のため出席を求められたときは、出席しなければならない。

第64条　国会は、罷免の訴追を受けた裁判官を裁判するため、両議院の議員で組織する弾劾裁判所を設ける。

2項　弾劾に関する事項は、法律でこれを定める。

2項　詳しくは別の法律で。

第5章　内　閣

第65条　国会で決まったことを実際にやるのは、内閣の仕事だよ。いわゆる行政権ってやつ。

第66条　内閣は、法律で決まってるとおり、トップである内閣総理大臣と、そのほかの大臣によるグループだよ。

2項　この内閣のメンバーには、現役の自衛官は入れないからね。

3項　内閣が実際にやることには、国会と連帯責任があるよ。

憲法原文の「文民」という言葉は、戦前に公務員を文官（一般公務員）と武官（軍事公務員）に分けていたところからきている。「軍隊を持たない日本で“文民”じゃない人は誰なのか？」というと、制定当時は旧日本軍で指揮官クラスだった人を想定していたようだ。現在自衛隊は、自衛隊法により、投票以外で政治に関わることは制限されてるけど、これは文民統制（シビリアンコントロール）というやり方だね。軍事力の独走を防止するための基本的な仕組みだよ。

第5章　内　閣

第65条　行政権は、内閣に属する。

第66条　内閣は、法律の定めるところにより、その首長たる内閣総理大臣及びその他の国務大臣でこれを組織する。

2項　内閣総理大臣その他の国務大臣は、文民でなければならない。

3項　内閣は、行政権の行使について、国会に対し連帯して責任を負ふ。

第67条

総理大臣は、国会議員のなかで投票して決めてね。ほかに話し合っていることがあっても、とりあえず、これを最初にやらなきゃだめだよ。大事なことだからね。

2項

誰を総理大臣にするかで、衆院と参院の意見が分かれたら、協議会を開いて話し合ってね。それでもだめだったら、衆院の意見を採用だよ。あと衆院の意見はまとまったのに、10日以内（お休みの日は別ね）に参院が意見をまとめなかったら、これも衆院の意見でいくよ。

第68条

総理大臣は、大臣を誰にするか決めていいよ。でも半分以上は国会議員から選んでね。

2項

総理大臣は「こいつだめだ！」って思ったら、いつでも大臣を辞めさせることができるよ。

国会と内閣をくっつけておけば、行政にも国民の意見が反映されやすいということだよ。

首相は閣僚（内閣のメンバー）の人事を自由にできる。2005年に小泉純一郎《こいずみじゅんいちろう》元首相が、郵政民営化法案が参院で否決されたことから、衆院を解散して選挙で3分の2以上の議席をとることで、再可決しようとしたら、島村宜伸《しまむらよしのぶ》元農相が衆院解散への同意を拒否。内閣の決定はメンバー全員一致じゃなきゃだめだから、小泉さんは島村さんを辞めさせ、自ら首相と農相を兼任して内閣の意見を統一し、憲法7条3号の手続きにしたがって衆院を解散した、という事例があるよ。

第67条　内閣総理大臣は、国会議員の中から国会の議決で、これを指名する。この指名は、他のすべての案件に先だつて、これを行ふ。

2項　衆議院と参議院とが異なつた指名の議決をした場合に、法律の定めるところにより、両議院の協議会を開いても意見が一致しないとき、又は衆議院が指名の議決をした後、国会休会中の期間を除いて十日以内に、参議院が、指名の議決をしないときは、衆議院の議決を国会の議決とする。

第68条　内閣総理大臣は、国務大臣を任命する。但し、その過半数は、国会議員の中から選ばれなければならない。

2項　内閣総理大臣は、任意に国務大臣を罷免することができる。

第69条　もし内閣が衆院から「ちょっとこの内閣には任せられない」っていわれたら、10日以内に衆院を解散するか、自分たちが全員内閣を辞めるかしてね。解散したら40日以内に選挙やり直しね。

第70条　総理大臣になにかあっていなくなっちゃったときや、衆院総選挙のあとに初めての国会が開かれるときは、内閣は総辞職してね。

第71条　69条と70条みたいなことになったときも、新しい総理大臣が決まるまでは、内閣はとりあえず仕事続けてね。

第72条　総理大臣は国会に、大臣たちの意見をまとめた法案や予算案を「こんな感じでどうですか？」って出せるよ。あ

首相がいなくなるっていうのは、たとえば亡くなったり、病気になって仕事を続けられなくなったりしたときのこと。その場合は事前に首相が指定していた大臣が、首相の臨時の代理人として内閣の総辞職を行うんだ。2000年4月、当時首相だった小渕恵三《おぶちけいぞう》さんが意識不明になったときも、代理に指定されていた内閣官房長官の青木幹雄《あおきみきお》さんがこれを処理したよ。

ちょっとの間でも、行政の責任者がいないのは、なにかあったときにさすがにまずい。

第69条　内閣は、衆議院で不信任の決議案を可決し、又は信任の決議案を否決したときは、十日以内に衆議院が解散されない限り、総辞職をしなければならない。

第70条　内閣総理大臣が欠けたとき、又は衆議院議員総選挙の後に初めて国会の召集があつたときは、内閣は、総辞職をしなければならない。

第71条　前二条の場合には、内閣は、あらたに内閣総理大臣が任命されるまで引き続きその職務を行ふ。

第72条　内閣総理大臣は、内閣を代表して議案を国会に提出し、一般国務及び外交関係について国会に報告し、並びに行政各部を指揮監督する。

と国内の仕事とか外国とのつき合いがどうなっているのかを、ちゃんと国会に説明してね。それと総理は、なんとか省とか、なんとか庁とか、いろいろなお役所の仕事をきっちりと指示してやらせるんだよ。

第73条 内閣のお仕事あれこれ。

1. 法律をちゃんときちっと守って、国の仕事をすすめる。
2. 外国とのつき合い。
3. 外国と約束をかわす。でも、なるべく先に国会の許可をもらってね。どうしてもってときは、あとにしてもいいけど。
4. 法律どおりにお役人さんたちが仕事をしてるかチェック。
5. 国の予算をどうするか考えて、国会に提案する。
6. この憲法とか法律を実際に使うための細かいルール（政令）づくり。でも政令には、憲法とか法律でOKが出てるの以外は罰則をつけちゃだめだよ。
7. 裁判での刑罰を減らしたり、なくしたりすること（恩赦《おんしゃ》とか）。

第73条　内閣は、他の一般行政事務の外、左の事務を行ふ。
1. 法律を誠実に執行し、国務を総理すること。
2. 外交関係を処理すること。
3. 条約を締結すること。但し、事前に、時宜によつては事後に、国会の承認を経ることを必要とする。
4. 法律の定める基準に従ひ、官吏に関する事務を掌理すること。
5. 予算を作成して国会に提出すること。
6. この憲法及び法律の規定を実施するために、政令を制定すること。但し、政令には、特にその法律の委任がある場合を除いては、罰則を設けることができない。
7. 大赦、特赦、減刑、刑の執行の免除及び復権を決定すること。

第74条　国会で決まった法律や、内閣で決めた政令は、それに関わる大臣と総理大臣がサインしてね。

第75条　大臣は総理大臣が認めないかぎり、訴えられることはないよ。でも、だからといって誰も大臣を訴える権利がなくなるのかといえば、そんなことはないよ。

第6章　司　法

第76条　最高裁判所（最高裁）とそのほかの裁判所だけが、憲法や法律にしたがって、事件や争いに判断をくだせるよ。司法権ってやつね。

2項　この司法権にしたがわない特別な裁判所をつくっちゃだめだよ。行政機関がやった裁判の判決は、不満があれば改め

政令は法律を実際に運用するためのルールね。

議員は国会の会期中だけ逮捕されないけど、内閣は国会と違って期間限定の組織ではないから、大臣は国会の会期中であっても、首相の同意があれば逮捕されるんだ。

公正取引委員会や特許庁なんかが仕事として出す判断や、それに対する不服をいわれたときに受理するかしないかも、広い意味では裁判になるよ。

第74条　法律及び政令には、すべて主任の国務大臣が署名し、内閣総理大臣が連署することを必要とする。

第75条　国務大臣は、その在任中、内閣総理大臣の同意がなければ、訴追されない。但し、これがため、訴追の権利は、害されない。

第6章　司　法

第76条　すべて司法権は、最高裁判所及び法律の定めるところにより設置する下級裁判所に属する。

2項　特別裁判所は、これを設置することができない。行政機関は、終審として裁判を行ふことができない。

て裁判所に持ち込めるようにしないとだめだからね。

3項　すべての裁判官は、憲法とか法律とかだけに拘束されるよ。それ以外は自分の良心にしたがって判断してね。

第77条　最高裁は、裁判するための手続きとか、弁護士や裁判所のなかのルールを決めていいよ。

2項　検察官も、それにしたがわなきゃだめだよ。

3項　最高裁は、そのほかの裁判所に、それぞれがやる仕事に関係するルールを決めさせていいよ。

第78条　裁判官は心身の調子を崩《くず》して仕事するのが無理じゃんってなったとき以外は、ちゃんとした理由と手続きによった弾劾じゃないと辞めさせられないよ。行政機関は裁判官にペナルティを与えちゃだめだからな。

3項　すべて裁判官は、その良心に従ひ独立してその職権を行ひ、この憲法及び法律にのみ拘束される。

第77条　最高裁判所は、訴訟に関する手続、弁護士、裁判所の内部規律及び司法事務処理に関する事項について、規則を定める権限を有する。

2項　検察官は、最高裁判所の定める規則に従はなければならない。

3項　最高裁判所は、下級裁判所に関する規則を定める権限を、下級裁判所に委任することができる。

第78条　裁判官は、裁判により、心身の故障のために職務を執ることができないと決定された場合を除いては、公の弾劾によらなければ罷免されない。裁判官の懲戒処分は、行政機関がこれを行ふことはできない。

第79条　最高裁の裁判官は、法律で決められたメンバーで構成するし、長官以外は内閣が任命するよ。

2項　最高裁の裁判官は、その任命後に初めてやる衆院総選挙のときに「この人で大丈夫？」って国民に確認して、それから10年後以降にやる衆院総選挙でも、もう1回確認するよ。

3項　最高裁の裁判官は、投票者の結構な数が「辞めさせろ!」っていったらクビね。

4項　裁判官の審査に関する詳細は別の法律で。

5項　最高裁の裁判官は、定年きたら、辞めてもらうよ。

6項　最高裁の裁判官の給料は定期的に支払うからね。在任中に減らしちゃだめだよ。

司法権のトップである最高裁の裁判官は、ほかの権力のトップに比べ、国民の意志からちょっと離れたところで、誰にするかが決められているよ。そこで国民が最高裁の裁判官をチェックすることでその距離を埋めようとしている、と見ることもできる。ちなみにこの制度で裁判官がクビになったことは、いままでない。衆議院選挙と一緒に実施されているけど、ちょっとマイナーな制度だよね。

「武士は食わねど高楊枝《たかようじ》」っていうけれど、裁判官だってお金がなきゃ食ってけないわけで、給料を保障することでほかの権力にビビらないでいいようにする必要がある。ちなみに給料は「裁判官の報酬等に関する法律」にしたがって決まる。平成24年度は最高裁長官は月収205万円（超うらやましい!）、長官以外の最高裁判事は149万5000円（これでもすごい）、最も低い簡易裁判所判事17号では22万7000円となっている（ちょっと親近感）。

第79条　最高裁判所は、その長たる裁判官及び法律の定める員数のその他の裁判官でこれを構成し、その長たる裁判官以外の裁判官は、内閣でこれを任命する。
2項　最高裁判所の裁判官の任命は、その任命後初めて行はれる衆議院議員総選挙の際国民の審査に付し、その後十年を経過した後初めて行はれる衆議院議員総選挙の際更に審査に付し、その後も同様とする。
3項　前項の場合において、投票者の多数が裁判官の罷免を可とするときは、その裁判官は、罷免される。
4項　審査に関する事項は、法律でこれを定める。
5項　最高裁判所の裁判官は、法律の定める年齢に達した時に退官する。
6項　最高裁判所の裁判官は、すべて定期に相当額の報酬を受ける。この報酬は、在任中、これを減額することができない。

第80条　最高裁以外の裁判所の裁判官は、最高裁がつくったリストを見て、内閣が任命するよ。そうなったら10年やってもらうけど、再任することもあるかも。でも定年がきたら引退してね。

2項　最高裁以外の裁判所の裁判官は、給料を定期的にもらえるよ。この給料も最高裁の裁判官と同じで、在任中に減らしちゃだめだからね。

第81条　裁判所は、全部の法律や権力が出す命令・規則・処分とかが、憲法違反じゃないかチェックできるよ。そして、最高裁がその最終的なチェックをするんだ。

第82条　基本的に裁判は、みんなが見られるようにしなきゃだめだよ。

2項　でも、「公開したらまずいんじゃないか」って裁判官み

定年は最高裁判所と簡易裁判所の裁判官は70歳、高等裁判所と地方裁判所や家庭裁判所の裁判官は65歳だよ。ちなみに最高裁の裁判官は、司法試験に合格した人じゃなくてもよくて、大学教授なんかが務めることもあるよ。法学部の人は、教授にゴマすっておこう！

裁判は誰でも傍聴《ぼうちょう》できる。「これでいいのか？」ってくらいゆるく、ひっそりと公開されているから、一度行ってみると面白いよ。木《き》嶋《じま》佳《か》苗《なえ》被告のように話題になった事件だと、傍聴倍率が10倍を超えることもあるみたいだけどね。

第80条　下級裁判所の裁判官は、最高裁判所の指名した者の名簿によつて、内閣でこれを任命する。その裁判官は、任期を十年とし、再任されることができる。但し、法律の定める年齢に達した時には退官する。

2項　下級裁判所の裁判官は、すべて定期に相当額の報酬を受ける。この報酬は、在任中、これを減額することができない。

第81条　最高裁判所は、一切の法律、命令、規則又は処分が憲法に適合するかしないかを決定する権限を有する終審裁判所である。

第82条　裁判の対審及び判決は、公開法廷でこれを行ふ。

2項　裁判所が、裁判官の全員一致で、公の秩序又は善良の風俗を害する虞があると決した場合には、対審は、公開しないでこれを行ふことができる。但し、政治犯罪、出版に関する犯罪又はこの憲法第三章で保障する国民の権利が問題となつてゐる事件の対審は、常にこれを公開しなければならない。

んなが思ったら、判決をいい渡す場面以外の審理の部分は公開しなくてもいいよ。でも政治や出版に関わる犯罪の裁判や、憲法の3章で決めた国民の権利と義務に関わる裁判は、絶対に審理を公開でやれよ。

第7章 財政

第83条 国のお金は、国会が決めたことにしたがって使えよ。

第84条 新しい税金をみんなからもらうときや、税金についての決まりごとを変えるときは、勝手に決めないで、必ず法律にのっとって決めてね。

第85条 国がお金を使ったり借金をしたりするときは、国会でちゃんと話し合って決めろよ。

消費税率の変更なども、この条文が根拠になっているよ。

第7章　財　政

第83条　国の財政を処理する権限は、国会の議決に基いて、これを行使しなければならない。

第84条　あらたに租税を課し、又は現行の租税を変更するには、法律又は法律の定める条件によることを必要とする。

第85条　国費を支出し、又は国が債務を負担するには、国会の議決に基くことを必要とする。

第86条　内閣は毎年、国のお金をどう使うかの予算案を国会に出して、OKもらってね。

第87条　いきなりお金が必要なことがあったりしたとき、内閣は、予備費っていうヘソクリを使っていいからな。

2項　ヘソクリをどう使ったか、あとで国会に報告して、OKもらわなきゃだめだよ。

第88条　天皇家の財産は、ぜんぶ国のものだよ。天皇家が使うお金は、予算に含めて国会でOKをもらってね。

第89条　国のお金や財産を、特定の宗教のためや、国が管理していない慈善事業や教育などの事業に使

議会で補正予算が認められるのを待ってる余裕がないときや、予算全体から見ても額が小さく、内閣に任せといても問題なさそうな支出は、この予備費から出るよ。おもに自然災害の対策や臨時の経済政策などで活用されていて、東日本大震災での最初の支援もここから出たんだよ。

宮内庁《くないちょう》の平成28年度の予算はこんな感じ。内廷費（天皇、皇太子と、その息子のそれぞれの家族が日常生活を送るうえで必要なお金）は3億2400万円、宮廷費（儀式やったり、国内で仕事したり、外国からのお客さんをもてなしたりするお金）は55億4558万円。皇族費（そのほかの皇族の生活費や、皇族としてのマナーやたしなみ、教養を身につけるためのお金）は2億2997万円。このほかに宮内庁の運営予算として約109億円が計上され、総額約170億円。

第86条　内閣は、毎会計年度の予算を作成し、国会に提出して、その審議を受け議決を経なければならない。

第87条　予見し難い予算の不足に充てるため、国会の議決に基いて予備費を設け、内閣の責任でこれを支出することができる。

2項　すべて予備費の支出については、内閣は、事後に国会の承諾を得なければならない。

第88条　すべて皇室財産は、国に属する。すべて皇室の費用は、予算に計上して国会の議決を経なければならない。

第89条　公金その他の公の財産は、宗教上の組織若しくは団体の使用、便益若しくは維持のため、又は公の支配に属しない慈善、教育若しくは博愛の事業に対し、これを支出し、又はその利用に供してはならない。

うなよ。

第90条　1年の間で政府が国のお金を無駄遣いしていないかは、すべて会計検査院っていうとこがチェックして、その結果と一緒に次の年度の国会へ出してね。

2項　会計検査院の諸々については、法律で詳しく決めるね。

第91条　内閣は毎年少なくとも1回は、国のお金がどうなってるか、国会と国民に説明しなきゃだめだよ。

第8章　地方自治

第92条　自分たちが住んでる地域のことは、やっぱ自分たちで決めたほうがなにかとうまくいくよね。これが「地方自治の本来の目的」ってわけで、地方公

国が決めた法律だけじゃ不十分な場合があるとき、地方はそれぞれの状況に応じて条例をつくることができる。大阪市長(当時)の橋下徹さんが「地域でなにかをしようとしても、国の法律などのため、まったく動けないから、地方に権限を移譲すべきだ」と訴えて地方分権を進めようとしたけど、公害規制や環境保護などと違って、住民の大多数の利益になることが確実でないことはできないのが原則。そういう地方ごとの独自性をどこまで打ち出せるかについては、法律的に慎重な判断が求められるんだ。

第90条　国の収入支出の決算は、すべて毎年会計検査院がこれを検査し、内閣は、次の年度に、その検査報告とともに、これを国会に提出しなければならない。

2項　会計検査院の組織及び権限は、法律でこれを定める。

第91条　内閣は、国会及び国民に対し、定期に、少くとも毎年一回、国の財政状況について報告しなければならない。

第8章　地方自治

第92条　地方公共団体の組織及び運営に関する事項は、地方自治の本旨に基いて、法律でこれを定める。

共団体のルールは法律で決めろよ。

第93条　地方公共団体は、法律にあるとおりにそれぞれ議会をもって、自分たちの地域で必要なことを話し合って決めるよ。

2項　地方公共団体のリーダーや地方議会の議員、そのほかの役職につく人は、すべてその地方の住民が選挙で決めるからな。

第94条　地方公共団体は財産を管理したり、地域のためのいろいろな仕事をするよ。あと、国会で決めた法律を無視したものでなければ、条例っていうかたちで自分たちのルールを決めていいよ。

第95条　ある地域だけで通用する特別な法律を国会でつくるときは、その地域の住民の投票で半分以上が賛成しなきゃだめだよ。

第93条　地方公共団体には、法律の定めるところにより、その議事機関として議会を設置する。

2項　地方公共団体の長、その議会の議員及び法律の定めるその他の吏員は、その地方公共団体の住民が、直接これを選挙する。

第94条　地方公共団体は、その財産を管理し、事務を処理し、及び行政を執行する権能を有し、法律の範囲内で条例を制定することができる。

第95条　一の地方公共団体のみに適用される特別法は、法律の定めるところにより、その地方公共団体の住民の投票においてその過半数の同意を得なければ、国会は、これを制定することができない。

第9章　改　正

第96条　この憲法を改正するときは、衆院と参院の議会で、両方の総議員の3分の2以上が賛成して、そのうえで国民投票やってね。で、国民投票の結果、半分以上がOKってなったら改正できるよ。

2項　改正することが決まったら、天皇が国民にかわって、すぐみんなに知らせるよ。

憲法の改正がどこまでできるかは、憲法学的に熱いテーマだ。96条自体を改正できるかについても、特に議論が熱い。「国会議員だって間違うことあるし、そもそも国民の憲法なんだから国会で必要以上にうだうだするより、国民に直接問いかけるべきだ！」とする立場と、「憲法とはそもそも、そのとき勝ってるほうの政権与党の都合で変更させないための根本ルールなんだから、そこを変えられるようになっちゃったら元も子もないじゃん！」という立場があるよ。

第9章　改　正

第96条　この憲法の改正は、各議院の総議員の三分の二以上の賛成で、国会が、これを発議し、国民に提案してその承認を経なければならない。この承認には、特別の国民投票又は国会の定める選挙の際行はれる投票において、その過半数の賛成を必要とする。

2項　憲法改正について前項の承認を経たときは、天皇は、国民の名で、この憲法と一体を成すものとして、直ちにこれを公布する。

第10章　最高法規

第97条　この憲法が大事にしてる基本的人権っていうのは、世界中の人たちがこれまで何百年もずーっとがんばって考えて、闘って、そして勝ち取った結果だよ。これは俺たちと俺たちのガキ、またそのずっと先のガキまで永久に受け取った、誰にも侵されない超重要な権利なんだ。

第98条　この憲法は日本で一番偉いルールだから、それに逆らうようなことを国がしたら、全部無視していいよ。

2項　外国との約束や国際的なルールは、ちゃんと守ろうね。

第99条　総理大臣やほかの大臣、国会議員、裁判官、公務員、天皇や摂政は、この憲法をきちっと守ってね。これ、義務だからな。

これは憲法尊重擁護《ようご》義務っていって、とても大事なものだ。権力を行使する人は、常に憲法を守らなくてはいけない。憲法は権力を縛るものという立憲主義の大原則をはっきり定めた条文だね。詳しくはコラム1の「そもそも憲法ってなに?」を見てね。

第10章　最高法規

第97条　この憲法が日本国民に保障する基本的人権は、人類の多年にわたる自由獲得の努力の成果であつて、これらの権利は、過去幾多の試錬に堪へ、現在及び将来の国民に対し、侵すことのできない永久の権利として信託されたものである。

第98条　この憲法は、国の最高法規であつて、その条規に反する法律、命令、詔勅及び国務に関するその他の行為の全部又は一部は、その効力を有しない。

2項　日本国が締結した条約及び確立された国際法規は、これを誠実に遵守することを必要とする。

第99条　天皇又は摂政及び国務大臣、国会議員、裁判官その他の公務員は、この憲法を尊重し擁護する義務を負ふ。

第11章　補　則

第100条　この憲法は、発表した日の6カ月後から使うよ。

2項　この憲法を使うために必要な法律をつくるなど諸々の準備をしたり、参院議員の選挙や国会を開くための手続きは、事前にやっていいよ。

第101条　この憲法を使うときに、まだ参院がなかったら、その間は衆院だけで国会をやっていいよ。

第102条　この憲法ができてから最初の参院の議員の半分は、任期3年ね。誰を議員にするかは、法律で決めるからね。

第11章　補　則

第100条　この憲法は、公布の日から起算して六箇月を経過した日から、これを施行する。

2項　この憲法を施行するために必要な法律の制定、参議院議員の選挙及び国会召集の手続並びにこの憲法を施行するために必要な準備手続は、前項の期日よりも前に、これを行ふことができる。

第101条　この憲法施行の際、参議院がまだ成立してゐないときは、その成立するまでの間、衆議院は、国会としての権限を行ふ。

第102条　この憲法による第一期の参議院議員のうち、その半数の者の任期は、これを三年とする。その議員は、法律の定めるところにより、これを定める。

第103条

この憲法が動き出したとき、現在の議員や裁判官や大臣、あとそのほかの公務員は、特になにかの法律で決めごとがないかぎり、そのまま続投していいよ。まあ当然だけど、この憲法が動き出すことで次の人が決まったら、いさぎよく辞めてね。

長かったけど、まぁ条文だけで400近くあるインド憲法に比べたら大分ましだね。
憲法を知って得することはあっても損することはないから、まずはお疲れ様でした、ということで。

第103条

この憲法施行の際現に在職する国務大臣、衆議院議員及び裁判官並びにその他の公務員で、その地位に相応する地位がこの憲法で認められてゐる者は、法律で特別の定をした場合を除いては、この憲法施行のため、当然にはその地位を失ふことはない。但し、この憲法によつて、後任者が選挙又は任命されたときは、当然その地位を失ふ。

憲法がさらにもっとよくわかる!

厳選コラム5

COLUMN1

そもそも憲法ってなに?

さてさて後半のコラムでは、知ってると役に立つ憲法のアレコレについて見ていこう。憲法について考えるヒントになるかもしれないし、インテリをきどって好きなあの人の気を引けるかもしれない。ただ、これから大学を選ぶ人がいるとしたら、そんなことを期待して法学部に入るとたぶん後悔するから慎重に考えたほうがいいよ。ファッションセンスを磨いたほうが、憲法に詳しいよ り確実にモテる。これは断言できる。ちなみに僕はモテない、やはり……。閑話休題《かんわきゅうだい》。

まずは、「そもそも憲法ってなに?」って問題に入っていくわけだけど、最初に「立憲主義」っていう言葉をちょっとだけ頭に入れておいてほしい。

これから、それがどういうものかを見ていこう。まずは、日本国憲法の10章の復習から。

第97条　この憲法が大事にしてる基本的人権っていうのは、世界中の人たちがこれまで何百年もずーっとがんばって考えて、闘って、そして勝ち取った結果だよ。これは俺たちと俺たちのガキ、またそのずっと先のガキまで永久に受け取った、誰にも侵されない超重要な権利なんだ。

第98条　この憲法は日本で一番偉いルールだから、それに逆らうようなことを国がしたら、全部無視していいよ。

2項　外国との約束や国際的なルールは、ちゃんと守ろうね。

第99条　総理大臣やほかの大臣、国会議員、裁判官、公務員、天皇や摂政は、この憲法をきちっと守ってね。これ、義務だからな。

これらの条文は、前文や11条とかと似たようなことが書いてあって、まだるっこしいように感じるかもしれないけど、実はとっても大事。なんでかっていうと、**憲法が国で一番偉いもの**（最高法規）だってことを、条文としてはっきり書いてるから。もっというと、**憲法が憲法であることの意味**を再確認している部分だからなんだ。

これはすごく大事なことだから2回いいました。

さて、ここで最初の言葉を思い出してほしい。そう、「立憲主義」。立憲主義というのはつまり、**「国の権力が好き勝手にできないように、憲法をつくることによって国の権力を縛って、みんなの人権を守るよ」**っていう考え方のこと。

憲法というものはその大前提として、この「立憲主義」という考え方にもとづいて定められているんだ。**「国家は自分たちの権利を守ってくれる」って国民が信じられるからこそ**、安心して政治を国に任せられるというわけ。

憲法なんてものがなかった時代から、「憲法は立憲主義の精神にもとづいてつくられるものである」というところにたどりつくまでは、本当にすったもんだの右往左往で大変だったんだ。だから10章の97条（原文）にある言葉を借りるなら、**「過去幾多の試錬《しれん》に堪へ」**た結果、生まれてきたものなわけだ。

ということで、現代的な憲法ができるまでの、苦悩の歴史ってやつを見ていこう。

1 「偉いからってあんま調子のってるとしばくぞ」——憲法〝みたいなもの〟の始まり——

13世紀のイングランド（いまのイギリスの一部）で、むちゃな戦争ばっかりする王様に怒った貴族たちが、「今後この約束ごとに沿って王様が政治を行わない場合、反乱を起こすぞ」と迫った。

そして、貴族が王様につきつけた約束ごとが、みんな社会の教科書で一度は目にしたことがあるはずの「マグナ・カルタ（大憲章《だいけんしょう》）」だ。

それ以降、代々の王様は、各地の貴族や大商人、騎士たちとの約束（マグナ・カルタ）にしたがって政治を行うことを約束した。その後、貴族たちが集まった議会がだんだん政治に参加していくようになり、王様といえども、議会を無視して物事を進められなくなっていったんだ。

議会とは、国民（当時は貴族たち）を代表する人たちが、法律や約束ごとを決めたりする場のことだよ。

さらに17世紀のイギリスで起こった「名誉革命」では、マグナ・カルタよりちょっと憲法っぽい「権利の章典《しょうてん》」が定められた。これによって、議会の権限はより大きくなっていったんだ。

名誉革命は1688年～1689年のイギリスで起きた革命で、無血のうちに達成されたことが「名誉なこと」とされたんで、こう呼ばれているよ。

王様の権力を縛って、好き勝手できなくし、権力の暴走を防ぐという政治の進め方は、こうやってでき始めたんだ。

つまり、ここが立憲主義の入り口だったわけ。

でも、〝憲法っぽいもの〟が、〝いまのような憲法〟になるには、もう少し時間がかかるんだ。

なぜなら、当時の〝憲法っぽいもの〟は王様の権力を制限するといっても、それは結局、**特権階級である貴族たちと王様の間での取り決めにすぎなかった**からね。

2 「ん？ なんかおかしくね？」
——啓蒙思想と人権思想の芽生え——

当時は世界中の国々で、特定の王様が国を支配しているケースが多かった。そのなかで「王様はなぜ偉いの？」という理由は、王権神授説といって「神が王様に政治をする権利を与えたから」とされていた。いま考えれば結構、不思議な論理だよね。

だけど科学が進歩するにつれ、神の思《おぼ》し召しだとされていたいろいろな自然現象が科学的に説明できるようになってくると（たとえばガリレオさんの地動説や、ニュートンさんの物理学など）、王様が国を支配するという、それまでの制度を裏で支えていた教会の力は、だんだんと弱まっていったんだ。

こうして従来の身分制を中心にした価値観が徐々に不安定になっていった。この不安定さが、次の変化のフラグになっていく。「社会って本当にこれで正しいの、ねえ神様!?」みたいな。この時代は思春期の中学生みたいな感じだね。

そんななか、**「啓蒙《けいもう》思想」**と呼ばれる新しい思想が広がっていく。

啓蒙というのは難しい漢字だね。正直僕は手書きできるか自信ないけど、「蒙《くら》いところを理性によって啓《ひら》く」という意味らしい。なんだか上から目線な気がして気に食わないかもしれないけど、この考え方が市民の意識の変化にとっても大きな役割を果たしたんだ。

啓蒙思想は17世紀から18世紀ごろに盛んになったもので、**中世以降のキリスト教会（カトリック）に代表される伝統的権威や旧来の思想について、それが本当に正しいのか徹底的に突き詰めて考えた**ことをさすんだ。「神の意志とかっていうモヤッとした考え方ではなく、自分の理性で物事を考えてみようよ！」っていう考え方かな。

そして、よくよく考えてみると、いろいろなことが見えてくるのが人間というもの。そして、「じゃあ、人間が不平等なのっておかしくない？」「つーか、身分制っておかしくね？」と思う人がどんどん増えていった。

こういった市民の切実な思いを受けて登場したのが**「人権思想」**だ。人権思想とは「王様とか貴族とかの区別以前に、みんなが生まれながらに持つべき平等の権利を大切にしようよ」っていう考え方のことだよ。この考え方が、王様や貴族に牛耳《ぎゅうじ》られて不遇の身にあった市民の間でどんどん広がっていったんだ。「お前らは黙って俺にしたがってればいいんだよ」というそれまでの言説よりも、「俺たちはみんな平等だ！」という人権思想のほうが、はるかに魅力的だよね。

そういった時代のなか、フランスの思想家で文学者でもあったルソーさんっていう頭のよい人が、「国民主権」、つまり「国は王様や貴族のものでなくて、国民のものだ」っていうことを考えだした。

現代からすると、この流れは**「『人権』っていうのを、それまでの『神様』のかわりに置き換えたら、みんな納得する国ができるんじゃね？」**って感じに見えるね。

この考えがのちに「国は王様や貴族のものじゃなくて、国民のものだ」っていう**「国民主権」**の発想に繋がっていくんだ。

さらに、フランスの法律家であるモンテスキューさんが、かの有名な**「三権分立」**の原型を思いついたのもこのころ。

モンテスキューさんが思いつく前の三権分立的な考え方っていうのは、「権力を特定の個人に集中させておくとろくなことにならないから、『立法権』『執行権』『外交権』の3つに分け、立法権を議会に、残りを王様に持たせる」というところから始まった。これは『統治二論』という本で、ロックさんという哲学者が、名誉革命までは王様が独占していた国家の権力を、国民の代表である議会が制限をかけられることを、この理論で説明したんだ。

ただ、『統治二論』では、裁判権が執行権（王様）の下にあるという考えだったから、「それじゃ結局、王様が好き勝手できちゃうじゃん！」という反発もあった。**そこでモンテスキューさんは、司法権を独立させるという、新しい権力分立のかたちを考えたんだ。**

こうして立法権（法律をつくる権限）、行政権（政治を実行する権限）、司法権（裁判を行う権限）っていう三権分立の原型ができあがったわけ。

こうして、「人権思想」「国民主権」「三権分立」の考え方が出そろった。ここから世界は一気に革命の時代へと進んでいくことになる。

さぁ盛り上がっていくよー。

3 「これは暴動ですか？」「いいえ、革命です」

最初の重要な革命は、フランス革命だ。この革命は、1789年7月14日にパリの民衆が同市にあるバスティーユ牢獄《ろうごく》を襲撃した事件を口火として始まった市民革命。『ベルサイユのばら』もこの時代を描いた漫画だね。

ちなみに『ベルばら』のなかでは、バスティーユ牢獄襲撃に参加した主人公のオスカル様が、銃弾をお食らいになってご逝去なされた。オスカル様は、王妃マリー・アントワネットの護衛を務めていたけど、フランス革命に際し、市民側についたイケメン（でも実は男装している女性）。意外と知らない人も多いのだけれど、オスカル様は漫画上の創作であって、実在の人物ではないよ。

それまでの革命と、このフランス革命との大きな違いは、それまで政治の場面でその他大勢にすぎなかった市民が、（少なくとも建前上は）主役となって起こしたことにあるんだ。「自由・平等・博愛」をかかげたこの革命は多くの市民に共感され、あっという間にフランス王朝をぶっ倒したわけだね。

こうしてフランスは、段階的に「王制」から「共和制」へ移行していくことになった。**共和制っていうのは主権が国民にあり、直接または間接的に選出された代表によって政治が行われる制度**のことだよ。

結果として、史上初の民主国家であるフランス共和国が成立。このフランス共和国は、**みんなで投票してリーダーを決める民主制や、三権分立を盛り込んだ国の元祖**となったんだ。

このときに発表された「フランス人権宣言」の第16条には、「憲法って名乗るからには、人権の保障と権力の分立をきっちりしなよ」っていうようなことが書かれている。人間が人間らしく生きていくために必要な権利を守ろうぜってことと、権力を分けておくことはセットで大事だからなってことをはっきり宣言しているわけだね。

『ベルばら』的にはオスカル様が命懸けでやったことになっているこのフランス革命。でも残念ながら現実にはそんなにうまくいった革命ではなかったんだ。

フランス革命のあとに選挙で国会の多数派になったグループは、なんと自分たちにとって都合が悪かったり反対したりする人たちをギロチンでどんどん処刑していったんだ。それこそ「それ、革命の邪魔になると思うから死刑でーす」くらいの軽いノリで……（モンテスキューさんが提唱した三権分立の影響を受けた制度をつくったのだけど、司法権の独立が曖昧《あいまい》だったためにこうなってしまった）。

さらに革命のあとに権力を握った人たちのなかでどんどん派閥《はばつ》ができて、どんどん分裂して、どんどん処刑して、もうしっちゃかめっちゃかな状況になってしまう。

そんな混沌《こんとん》とした状況のどさくさに紛れてクーデターを起こし、皇帝の座についたのが、かの有名なナポレオン・ボナパルトさんだったんだ。

ナポレオンさんが独裁政権（帝政）をしいたことで、共和制はたった15年で終わることになる。帝政とは、皇帝がトップに君臨するかたちで独裁政治を行うことだよ。

ナポレオンさんが失脚したあとも、フランスでは王政が復活したりした。

フランス共和国は確かに革命から出発したけど、結局は革命の名を借りた権力闘争になってしまったというわけ。こうやって挫折《ざせつ》に終わったフランス革命だったけど、**国民の権利を保障したり、権力の分立が現実の政治の課題として俎上《そじょう》に載せられた最初の例**だったのは確かなんだ。

4 アメリカ人が自由にこだわるワケ、知ってる？

フランス革命と同じころ、イギリスの植民地だったアメリカでも、イギリス本国からの独立運動（アメリカ独立戦争／1775年～1783年）が起こっていた。

この独立戦争によってアメリカはイギリスから独立を勝ち取ったわけだけど、当時はフランス革命と同様に、「自由・平等・博愛」という人権思想をかかげて国民が戦っていたんだ。でも、それだけならフランスと同じ道をたどってしまいそうなものだけど、なんでアメリカは成功したんだろう？

当時のアメリカ人は考えた。どうやって権力の暴走を防ぎ、「自由・平等・博愛」を実現するか？

ってことで考えた末できあがったのが、**司法権をほかの行政権や立法権から**

明確に独立させておくという裁判所のあり方や、立法権を持つ議会とは別のものとして行政権のトップを選ぶ「大統領制」という考え方だった。

つまり、より効果的な三権のバランスを考えたわけだね。

もちろん三権のバランスをどうやってとるかっていうのはアメリカのやり方以外にもあるけど、とりあえずアメリカの独立によって、現代的な三権分立の枠組みができたと見ることができるんだ。

さらにアメリカは、連邦政府（中央政府）がなにをしてよくて、なにをしちゃいけないかを、憲法ではっきり決めたんだ。

アメリカっていう国は、いくつもの国（州）が集まって巨大な国家をつくっている連邦（2つ以上の州を統治する）国家なんだけど、その一つ一つの州は日本の都道府県と違って、まさに国家そのもの。

たとえばニューヨーク州ならニューヨーク州独自の、カリフォルニア州ならカリフォルニア州独自の憲法があるんだ。のちに起こる南北戦争では、州ごとで分裂して戦争をしていたほどなんだよ。

それだけ、それぞれの州の思惑や立場が違うから、合衆国憲法で連邦政府が州に対してできることをはっきり制限しておく必要があったんだ。こうやって州からの輸出に関税をかけることを禁じたり、ある特定の州だけがよい思いをしたり不利になったりしないようにしたんだ。不公平があっては連邦制が成り立たないからね。いわば連邦と州のための決めごとってわけ。

ちなみにアメリカ合衆国の連邦政府は、首都であるワシントンD.C.にあるよ。

さて、個人と国家の関係で守るべき「自由・平等・博愛」はどうなっているか。

アメリカ独立宣言のなかには、次のような大事な一文がある。

「俺たちはみな平等な人権を生まれながらに持っている。俺たちはその人権を守るために、政府をつくる」（以上、意訳）

「人はみんな生まれながらに人権を持っている」っていうのは天賦《てんぷ》人権と呼ばれている考え方なんだけど、これはいまに至るまで憲法や人権について考える際にとっても重要なテーマだから、よーく覚えておこう。

で、みんなが生まれながらに持っている人権を守るためにこそある（ここ大事ね！）合衆国の議会が始まった直後から、合衆国憲法に修正というかたちで人権条項が追加される。この人権に関わる修正条項は「権利章典」と呼ばれているよ。ちなみにこれはイギリスの名誉革命のときにできた「権利の章典」にちなんでいるとか。

さてさて。ここまでアメリカではどうやって「自由・平等・博愛」を実現しようとしたか、ってことを見てきたけど、実はここまでだけだったら絵に描いた餅《もち》。このままだとルールブックだけはあるけど、ジャッジが一人もいないままサッカーをやるようなことになりかねない。絵に描いた餅にしないために、とっても大事な部分がまだ出てきていないのだけど、なんだかわかる？

ヒントは「合衆国憲法第6条 最高法規」の2項。ここにはざっくりいうと次のようなことが書かれている。

「この憲法と、この憲法をもとにしてつくられる合衆国の法律、そして合衆国が外国と結ぶ条約は、合衆国の一番大事なルールだよ。すべての州の裁判官は、州の憲法や法律より、こっちを優先してね」

そう、答えは**違憲審査制**だ。**これはすべての法律や命令・規則・処分が、憲法に則したかたちで決められているかを、裁判所がちゃんとチェックするという考え方**だよ。

この考え方と、三権分立によってきっちり独立した裁判所があって、初めて憲法を最高法規（俺が一番偉い！）とするシステムのひな形になるんだ。

このシステムは、1803年に合衆国最高裁判所が下した「マーベリ対マディソン判決」で確立されたんだよ。この判例によって、裁判所が違憲審査権を持つことがはっきりしたんだ。

こうして立憲主義のおおもとができあがったわけ。

とはいえ、アメリカも現在のような国の制度がいきなりできあがったわけではなく、奴隷制度やアメリカ先住民（いわゆるインディアン）の虐殺など、当時はマイノリティへの人権侵害を国家規模で進めていたのも事実だ。

南北戦争後の20世紀に入っても、差別的な制度や法律が残っていた。たとえば南北戦争後の1870年に黒人の参政権が正式に憲法に修正条項として追加されたのに、1970年代までは一部の州で黒人の参政権は事実上制限されていたし、他の面でも黒人は不利な扱いを結構受けていたんだ。意外と最近のことでびっくりするよね。そりゃキング牧師[*1]も夢（"I have a dream."）を語りたくなるわ。その夢は、どれだけいまの社会で実現されているのだろう？

＊1　1960年代のアメリカの市民的権利運動の指導者。

5　そりゃ、自由も大事だけど……

ここまでの話で、**歴史的にも憲法と人権の問題がセット**になって考えられてきたということは理解できたと思う。そこでここからは、その人権の中身についてちょっとだけ見ていこう。

これまでちょこちょこ出てきた人権っていうのは、かっこよくいうと自由権っていうやつだ。自由権というのは、**「俺たち（国民）は自由にやるから、国は邪魔すんなよ」**っていう、国民が自由に振る舞うことを保障する権利のこと。

この自由権には、たとえばむちゃな理由で捕まったり、いいかげんな裁判で裁かれない権利や、自由に物事を考えたり発表する権利、自分の財産を取り上げられない権利なんかがあるよ。

この権利は、はっきりと決まった18世紀当時としては斬新《ざんしん》なものだった。たとえば偉い人にとって都合の悪いことをいったり、政府を批判するようなことをいったら捕まって、運が悪ければ処刑されてしまうこともあったのに、言論・表現の自由のおかげで、「邪魔すんな！」ってちゃんと主張することができるようになったわけ。ちなみにこの言論・表現の自由、もっと広くいうと「精神的自由」は特に大事なものとして、裁判でも慎重に扱われているね。

ただ、人権というのはこういう「自由であることの権利」だけじゃないよね。だんだんと時代が進むにつれて、新しい人権も生まれてきたんだ。

ちょっとさかのぼるけど、フランス革命を支援していたのは、ブルジョワジーと呼ばれる、どちらかといえば裕福なほうに分類される中産階級の人たちだった。そういうブルジョワな人たちは、自由を手に入れてからどんどんビジネスを拡大させ、社会を進化させていった。でもその反面、ブルジョワになれない貧しい人たちが不利になりやすい環境もできてきてしまったんだ。

こういった貧しい人たちを保護しないことには、社会がどんどん不安定になってしまうよね。こういう状況を受けて、20世紀の初めにドイツで成立したワイマール憲法では、「社会権」という新しい人権が登場した。

社会権とは、「社会を生きていくうえで、人間が人間らしく生きるための権利」のことだ。より具体的には、生存する権利や、教育を受ける権利、労働者が企業との関係で不利な扱いを受けない権利などのことなんだ。

これは要するに、**「個人が生きていくのに困ったときは、国が助けてあげるからね」**っていうことが保障される権利なわけで、自由権とは真逆の発想のものだけど、**この2つが組み合わさって現代的な意味での「人権」というものはできているん**だ。

ざっくりいうと、こんな感じ。

自由権「俺にかまうな！」↓つっぱねる権利

社会権「助けてくれ！」↓求める権利

と、長らく〝現代的な意味での憲法〟ができるまでの歴史的流れを見てきたけど、この社会権を含んだ憲法こそが、〝現代的な意味での〟スタンダードな憲法の姿だといえるね。

こういった歴史を経て、立憲主義にもとづく憲法というものが、現在のかたちに近づいてきたんだよ。

追記

アメリカの話が出たけど、2016年のアメリカ大統領選挙では大方の予想を裏切って、差別的な言動で物議を醸していたドナルド・トランプさんが大統領に選ばれた。

これは間違いなく後々の歴史に大きく残る出来事だ。

トランプ大統領は、貿易の自由化を進めるTPPからの離脱とか、中東の国々からの入国を禁止したり、違法移民対策としてメキシコとの国境に壁（実際にはフェンス）をつくるという政策を実行する構えだ。入国禁止は憲法違反だってことで一部の州が大統領の命令にしたがわず、連邦政府vs.州のバトルが裁判所で絶賛展開中。三権分立を体現する新しい事例がリアルタイムで進行中だ。さすが違憲審査権の本場は違いますね。

この間まではアフリカ系移民二世のオバマさんが大統領になれる国だったけど、ずいぶん変わったもんだ。

なぜトランプ氏が大統領に選ばれたのかについてはいろいろな解説がされているけど、僕はある映画が思い浮かんだ。ラッパーのエミネムが主演した「8マイル」（2002年）だ。

主人公の白人青年ジミーの住むミシガン州デトロイトは、自動車産業や鉄鋼業という製造業が盛んだった時代に栄えたけど、IT産業や金融業が伸びて、企業も国境をまたいでビジネスをするグローバル時代のいまとなっては、工場はコストの安い海外に移っていき、残ったのは廃墟とどこにも行けない貧困層だけだ。

学歴のない彼にはロクな仕事もない。立身出世を目指そうにも公立学校は教育予算削減されてぼろぼろだったし、一流大学へ入るのにはとんでもなく金がかかる。逆転をかけて音楽に打ち込むけど、応援してくれた彼女は自称業界人に寝取られる。

「こんな暮らしはうんざりだ！」と鬱憤をラップにぶつけるジミー。書いてて泣けてきた……。ジミー……お前ならやれるよ。やってくれよ……。

ジミーの境遇はアメリカの労働者層と重なるものがある。

トランプは雇用をつくってくれる。仕事を奪う移民を追い出してくれる。トランプなら俺たちのアメリカを取り戻してくれる。ジミーたちはそう期待したんじゃないかな。実際にトランプ大統領は、ミシガン州選挙区で製造業の復活を訴えて勝った。

トランプの支持層はこうした労働者たちだけでなく、企業にかける法人税を減らすことなんかに期待した富裕層もいたりで複雑だ。

けど、産業の転換やグローバル化という時代の変化のなかで負け犬にされて、そのうえにリーマンショックと呼ばれる金融バブル崩壊で追い打ちを受けたジミーたちの怒りという一面も大きいだろう。

113頁のコラムでふれた社会権というのは、こういった状況にならないように国がなんとかしますよっていう約束なんだけど、アメリカの自由と自己責任を重んじる国柄のせいか、なかなか手が回らない。

日本でいう国民皆保険制度もオバマさんがつくるまでなかったしね。これは「ジョンQ」という映画で題材にされていたね。まあトランプ大統領は保険制度も見直すっていってるんだけど。

最近の流れを振り返ってみると、コラムでふれてきた歴史で起きた問題が、いまもまだ残っているようだ。アメリカは怒りや恐怖でいろいろな壁ができつつあるように見える。国境の壁もそうだ。ヨーロッパはヨーロッパでEU（欧州連合）からイギリスが抜けることが決まった。

僕たちの住む日本だって、こういう流れと無縁ではいられない。どうなることやら。

COLUMN2

「日本国憲法」はどうやってつくられたの？

さて、ここまでは、〝現代的な意味での憲法〟が歴史的にどういった流れでできあがってきたかを見てきた。

そこでここからは、日本の現在の憲法である「日本国憲法」がどういう経緯でできたのかをざっくりと見ていこう。

日本国憲法は、第二次世界大戦が終わってから日本を占領していたアメリカの意向にかなり影響を受けているし、当時のいろいろな国際情勢も絡んで成立したものだ。

さらに、それまでの大日本帝国憲法（明治憲法）のどこが問題で、どういうふうに直したのかっていうのも重要。だから憲法の問題を議論する場合に押さえておくポイントがたくさんあるんだ。

1 「もう、無理っぽいっす」敗戦

第二次世界大戦末期、日本は同盟を組んでいたドイツとイタリアも降参していて、負けがほぼ確定していた。そのうえ国内の大都市はアメリカ軍の空爆でほとんど壊滅《かいめつ》状態。沖縄は占領されたうえに、広島と長崎には原爆が投下されたのは知ってるよね。さらにダメ押しのように、それまで日本とは中立を保っていたソ連が攻めてくることになった。

こうしてもうあとがなくなった日本は、アメリカを中心とした連合国が「このまま戦争続けてドイツみたいになりたくないっしょ？　この条件で手打ちにしようぜ？　いっとくけど一歩も譲らないよ」という感じで発表した「ポツダム宣言」を受け入れ、戦争が終わった。これが1945年8月のことだよ。

ポツダム宣言の内容はだいたいこんな感じだった。

「当然、日本軍は解散ね。兵隊は家族のところに帰ろうぜ」

「戦争を進めていた権力者は永久退場だからね、絶対戻ってこさせないよ」

「日本政府は、日本を民主主義的な国にするために邪魔なものはなくしてね。言論や宗教、思想の自由と基本的人権をきちんと保障しろや」

「そのためにしばらく連合国が日本を占領するけど、そこんとこよろしく」

「これらの条件、呑《の》まなかったら、マジぼっこぼこにするからな。誠意見せろや」

と、まあ意外と知られていないポツダム宣言の中身を見たわけだけど、戦後日本がどういう国をつくっていくかっていうベースになってるんだ。
こうして日本は連合国——事実上はアメリカの占領下におかれることになったわけ。

2 「日本は出直します」ってことで憲法つくり直し作戦

ようやく本題に入るわけだけど、いまの憲法（日本国憲法）をつくる動きの始まりは、ＧＨＱ（連合国軍最高司令官総司令部）のなかで一番偉い地位にいたマッカーサーさんが、日本政府に「当然これまでの大日本帝国憲法はつくり直すよね？」って、ほのめかしたことだったといわれている。

マッカーサーさんとは、パイプとサングラスが似合うので有名な、あのおじさんね。日本は戦争後の国際社会に復帰するためにも、憲法の改正はスルーできないものだったんだ。

これを受けて日本政府は１９４５年10月27日に松本《まつもと》国務大臣（当時）を中心として「憲法問題調査委員会」（松本委員会）をつくった。ここで「大日本帝国憲法の改正案」を考え始めたわけ。

で、つくり始めたはいいんだけど、なかなかスムーズにはいかない。そしてできたものを、１９４６年2月8日にＧＨＱへ提出。このとき日本側から提出した憲法改正案は次のような内容だったんだ。

「やっぱ、それまでの天皇制は必要ってことで。天皇がいなきゃ日本として示しがつかないもんで、ここをいじるのはちょっと……」とか、「いやー、国家として軍隊持たないっていうのは、やっぱアレだし、軍隊は残しておきたいっす……」。

で、ちょっとさかのぼるけど、巻き戻すこと1週間前の2月1日に松本委員会のつくった改憲案が、毎日新聞にすっぱ抜かれてスクープになったんだ。

報道で改憲案を知ったマッカーサーさんは、2月3日に「こんな感じにしたらいいんじゃない？」ってことでおおまかに3つの方針を部下に伝えていた。このときの指示が「マッカーサーノート」と呼ばれるもので、だいたい次のような感じ。

「いやいや、天皇が一番偉いってことにする天皇制とか時代遅れだし、そもそも日本はそれで一回えらい失敗してるじゃん。天皇はいてもいいけど、やっぱここは、国民が一番偉いってことにしとこーよ。この考え方、結構ナウいっしょ」

「あと、もう軍隊とか戦争とかやめたほうがよくなくない？　日本はそこも一回失敗してるわけだし」

「人権とかの部分も、ぜんぜん変わってないよね？　身分制とか時代遅れっしょ」

で、マッカーサーさんの意向を踏まえて、GHQ内で憲法草案がまとめられ始めたんだ。これが世にいう「GHQ草案」。ちなみにこのGHQ草案は、日本政府とは別に、新しい憲法を考えていた民間の「憲法研究会」が1945年12月に出していた「憲法草案要綱」に強い影響を受けたみたい。

この憲法研究会は、明治時代に民間の学者がつくった憲法案や、フランス憲法、アメリカ憲法、ソ連憲法など各国の憲法を研究して、独自の憲法案をつくり上げたんだ。その憲法案は、国民主権、平等や言論・表現の自由の重視や、天皇の地位もいまの象徴天皇制に近い説明があったりと、かなり現在の憲法に似ている。

3 なぜそれまでの憲法を改正する必要があるわけ？

では、なんでそれまでの大日本帝国憲法を、戦争に負けたからって改正しないといけなかったんだろうね？　おおまかにいうと、次のような感じ。

①大日本帝国憲法では日本が軍部の独走状態に陥ることを防ぐことができず、第二次世界大戦において、日本が国際社会と対立してしまったから。特に大日本帝国憲法下では、言論・表現の自由を簡単に制限できる治安維持法なんかの法律が許されてしまったことで、政府のやり方や政策を、国民自身が議論をしたり批判することができなくなってしまった。

②日本がそういう道に戻らないためにも、国のおおもととなる憲法そのものからつくり直す必要があった。

こういったことから、「大日本帝国憲法を根本から変えよう！」っていう話になった。「日本は新しくやり直します！」ってことを国際社会にアピールする必要もあったんだ。

天皇制についても、それまで日本の統治者で、一種のカリスマという地位にあった存在なわけだから、「戦争の責任を天皇にとらせて、制度自体をなくしたほうがいいんじゃん？」という意見もあった。

だけど、天皇制をなくすことに反対する人たちが反乱を起こすんじゃないかという心配がアメリカ側にあった。それに占領軍が日本を統治することを国民に納得してもらうために、「天皇制自体を使えたら、いろいろ都合がいいかもね？」っていう思惑もあったかもしれない。

だから当時の天皇制という制度自体は変更されることになったけど、天皇という存在そのものは残されたってわけ。

ただ、こういった主張に対しての反論もあった。たとえば進歩的な研究者として知られ、軍部からはかなり敵視されていた美濃部《みのべ》達吉《たつきち》先生は、根本的な改正の必要はないと主張していたね。

こういうすったもんだの末に、「国民主権」「象徴天皇制」「戦争放棄」「近代的な立憲主義にのっとった憲法にする」といった考えを盛り込んだ憲法改正案が、当時の日本政府から提出されたんだ。

このとき日本政府から提出された憲法改正案は、「三月二日案」と呼ばれるものだよ。こうして「三月二日案」をベースに憲法改正は進んでいくことになるんだ。

4 憲法のつくり直しは片手間にやったわけじゃない

大日本帝国憲法から現在の憲法になるときに変更された部分は、根本的なことも含め、だいぶあるんだ。ここで代表的なものをまとめて紹介しておくね。

①「国民主権」「平和主義・戦争の放棄」「基本的人権」っていう三大原則。中学校の公民で憲法の勉強をするときに真っ先に出てくるね。まずはこれを押さえておこう。何度もいうけど、これホント大事。

②男女平等、労働者の権利などなど、いろいろな人権を新設。「男女平等」の考え方を憲法に盛り込むかどうかっていうのは、アメリカのなかでも相当議論があったらしい。「法の下に平等だ」ってなると、男女の平等も当

然のことでしょって感じで結局、日本国憲法には男女平等の考え方を盛り込むことになった。

これはGHQ民政局のスタッフとして働いていたベアテ・シロタ・ゴードンさんという女性が熱心に働きかけたかららしい。ベアテさんは、当時なんと22歳！　ちなみにアメリカの憲法には、男女差別の禁止をはっきり決めた部分はないよ。結構意外だよね。

③復習だけど、違憲審査制は「国が憲法に違反したことをしてないかをチェックできる権利を裁判所に与えて、憲法を国の法律や決めごとのなかで最も上位に置いとくよー」ってことだったよね。これはGHQ草案で盛り込まれたものなんだ。

④権力者に憲法尊重擁護義務を負わせた。これは現憲法の99条にある規定だね。すでに触れたけど、偉い人に「憲法を無視して勝手なことをするなよ」って釘をさしてるんだ。

⑤二院制を維持。大日本帝国憲法では、議会が「貴族院」と「衆議院」に分かれていたけど、GHQ草案では「貴族院を廃止して一院制にするね」ってなっていた。そこから最終的には「貴族院を参議院に変えて、衆議院との二院制にするよ」っていう制度を採用。これで国会は現在の「衆議院」と「参議院」になったんだ。

⑥議院内閣制。大日本帝国憲法では、総理大臣をはじめとする内閣のメンバーを誰にするかは、天皇の意志が重視されることになっていた。だけど実際は、天皇をサポートするためという名目で、皇族や貴族が「枢《すう》密院《みっいん》」というところを通じて影響力を持っていたんだ。だから新しい憲法では、選挙で選ばれた議員が実際に行政を動かす内閣をつくれるようにした。この制度を「議院内閣制」というんだけど、それまでの制度より、国民の意見を行政全体に反映させることができるようになった。

また、内閣のなかで総理大臣が強いリーダーシップを発揮することができるようにもなったし、国会が内閣を辞めさせることができるようにもなったんだ。

⑦言葉遣いをわかりやすくする。「国民主権を決めた憲法なのに、国民が読みにくいものだったら意味ないじゃん！」ってことで、日本国憲法は当時のほかの法律なんかに比べると、かなりわかりやすい口語体で書かれることになった。憲法をわかりやすい言葉で書くっていう話は、改正案が発表されたあとに国語学者の安藤正次《あんどうまさつぐ》さんがいい出したことなんだ。

（憲法を口語で読んでみよう、というこの本のコンセプトを根底から揺るがす、身も蓋もない話をせざるをえなくなって、ちょっと動揺しているのは内緒）。

こういった過程を経てまとめられてきた憲法改正案は、大日本帝国憲法の改正手続きに沿って１９４６年６月に、当時の内閣の手によって最後の「帝国議会」に提出されたんだ。

それで、またまた国会で次の⑧～⑩のような修正を経て、ようやくいまの日本国憲法ができあがったわけ。

⑧義務教育を、小学校までから中学校までに引き上げる。
現在、義務教育は「小学校から中学校までの9年間は子どもに教育を受けさせてね！　これ、義務だから！」というかたちになっている。

これが実現されたのは、「家の手伝いなんかで小学校までしか進めない子どもが多いのは問題だよ！」と全国の教育関係者が考えて、国会に出向くなどして働きかけたからなんだ。

⑨17条の国家賠償や、40条の刑事賠償を追加。「国が不始末をしでかした場合に、国民はちゃんと賠償してもらえる権利があるからね！」ってことがはっきりしたわけ。それがどういうことかは、本文の17条と40条の部分をチェックしてね。

⑩このほかには、皇室の財産についてだったり、細かい言葉遣いだったりと、いろいろ修正があった。

長くなったけど、以上で終わり。

こういう過程を経て、現在の日本国憲法が公布されたのが1946年11月3日。天皇主権じゃなくて国民主権になったから、当然〝帝国〟憲法ではなくなったよ。

そして半年後の1947年5月3日に施行されて、それから憲法として存在してるんだ。ちなみにこの日は憲法記念日になって祝日だけど、うちの大学は普通に授業がある。なんでだ？

こうしてできた憲法だから、いまもなお「アメリカに押しつけられたものだから、自分たちでつくり直そうよ！」っていう意見もある反面、「ちゃんとした手続きによるものだし、実際当時の世論（改正の審議をしたのは、戦後に初めての普通選挙によって選ばれた議員たち）も認めていたわけだよね。

なんてったって長年改正されてこなかったという事実こそが、いまの憲法が国民の意志に沿ったものであるってことの証拠じゃない？」っていう意見もあるんだ。

現在の「日本国憲法」を改正すべきかどうかの議論はさまざまだけど、とにかく、こういうすったもんだの末にできあがったのが、現在の日本国憲法なのです。

追記

まず国会前をはじめ、あちこちでとても大きなデモなんかが起きていた安保法制についての話をしよう。

政府としては「平和安全法制」、反対する立場からすれば「戦争法制」と呼ばれているわけだけど、この時点で真っ向から対立してる感がプンプンしてめんどくさいので避けたいのだけど、書名に「憲法」を掲げている以上は避けては通れない話だ。

その法律を「どうやってつくったのか」（手段）と、その法律で「なにをするのか」（目的）に話を分けて、それぞれについて考えてみよう。

目的の「なにをするのか」についてはコラム3「憲法9条ってなんでそんなに重要なのさ」の追記部分に譲るとして、ここでは手段、つまり「どうやってつくったのか」についての話。

この話は、つきつめると「立憲主義、つまり憲法の範囲で政治っていうのは具体的にどういうこと？」って議論だ。ことの経緯を追いつつ見ていこう。

なかで出てくる「個別的・集団的自衛権」については、コラム3「憲法9条ってなんでそんなに重要なのさ」（138ページ）をチェックしてね。先にそっちから読んでもいいかも。

現在の政権与党である自民党は、前々から集団的自衛権を行使できる安全保障体制を目指していた。しかしこれまでは、日本は集団的自衛権は持っているけど憲法で行使することが禁止されているとされて、憲法自体を改正するかって話をしていたんだ。

でも憲法改正ってなると、僕たち国民にもいろいろな考えがあって話がまとまらないから、改正はせずに集団的自衛権を行使できるようにする方法が考えられた。それが「憲法解釈の変更」だ。つまり「これまでは憲法で禁止されていると考えられてきましたが、禁止されていないと解釈し直します」という話。

まず内閣は、自分たちの政策を実現するために、必要な法律案や予算案を国会に提案するんだけど、いざ案が国会で成立してから裁判所に「それ憲法違反だから無効だよ」ってされたら大変だから、国会に提案する前に「内閣法制局」っていう内閣の法律コンサルタントみたいなことをするお役所がチェックすることになっている。

内閣法制局の長官は、これまで法制局の内部で順繰りに昇進した人がやっていたんだけど、今回内閣は、小松さんという元々フランス大使だった外務省出身のお役人を長官に任命したんだ。

そして法案は、小松さん率いる内閣法制局のチェックを通り、国会に提案され、いろいろな議論がされたり、また憲法学の専門家が参考人として呼ばれたりしたんだけど、自民党側が呼んだ参考人（コラム3でも紹介する長谷部《はせべ》恭男《やすお》先生も）も含め全員が「さすがにこれは違憲でしょ」とつっこむという珍事もあったり、審議中に国会のなかでももみくちゃの乱闘になったりと、すったもんだがあった。

で、最終的には自民党をはじめ賛成派の議員が衆参ともに過半数を持っていたので、無事に可決。いまに至るわけだ。このときは反対するデモ隊が国会前に何万人も集まったりして、大変なお祭り騒ぎだったね。

これは反対する立場の人たちからは「解釈改憲」だと強く批判された。「憲法で禁止されていることでも、選挙で過半数をとればなんでもできるじゃん」ってことだね。改正の手続きについては憲法96条を確認しよう。

また当時の自民党・憲法改正推進本部長の船田元《ふなだはじめ》議員は「ここまで解釈でやられちゃうと、憲法改正する必要ないって言われかねない……」（2014年2月13日の自民党総務会）という内容のコメントをしていた。

「解釈改憲」との批判に対して、安部総理は「とはいっても手続きどおりにやっているし、最終的に合憲か違憲かの判断をするのは最高裁判所ですよ」と答えている。これは憲法81条の話だね。ちなみに最高裁は過去の裁判で、日米安保条約の合憲・違憲性が争われたときには、統治行為論といって「国のおおもとに関してすごい複雑な政治の話が絡むことには、ちょっと裁判所は口出ししないほうがいいかも……」という理屈で判断をしなかった例があるね。

まあ大雑把だけどだいたいこんな感じだった。

ところで僕は、あるシンポジウムで自民党の国会議員の方とご一緒させていただいたときに「仮に今後、他の政権が成立して同じ方法で法律を通したとしても認められますか?」と質問をしたのだけど、「このやり方はいろいろな手続きを経ているので、そういう批判にはあたらない」といった主旨の回答をいただいた。

確かに法律では「これまでの憲法解釈を踏まえてね」も「内閣法制局長官の決め方」も「国会に呼んだ参考人が反対したらどうするか」も決められていないしね。でも「そういうことじゃなくてさぁ……」という批判はやはり根強い。

そんなふうにして成立した安保法制、そして集団的自衛権で「なにをするのか」は、コラム3「憲法9条ってなんでそんな重要なのさ」のほうでまた考えてみよう。

ちなみに僕の地元の名古屋でのシンポジウムだったので、終わってからご一緒した議員の方々には、お土産に「つけてみそ　かけてみそ」をお渡しした。お口に合ったかな？　みなさんも名古屋に来たら、ぜひお土産に。

それにしても、このやり方を考えた政権のブレーンの人たちはものすごく頭がいいね。その一人である元国連次席大使の北岡伸一さんが書かれた本（『国連の政治力学』中公新書）を読んだことがあるのだけど、途中に挟まるこぼれ話のコラムも面白かった。国連大使として国連本部のあるニューヨークに駐在していたころは「ブロードウェイが近くて最高！」と、休みはよく観劇をされていたらしい。僕もいつか行きたいなあ。『ハミルトン』が観たいんだよ。

あと法制局長官だった小松さんは、一連の議論の最中の2014年に末期ガンが見つかって入院し、すぐ退院して仕事に復帰したけど、同年の6月に亡くなった。

安保法制に関わる彼の役割は評価がわかれるだろうけど、それはさておいてもいろいろ大変だったんだろうなと僕は思う。なにはともあれ、ご冥福を。

COLUMN3

憲法9条ってなんでそんなに重要なのさ

さてさて次は、憲法の話となると結構な割合で注目される9条について見ていこう。

中学校で公民の時間に、日本国憲法の三大柱は、「国民主権」「平和主義・戦争の放棄」「基本的人権」と習った人も多いと思うけど、その「平和主義・戦争の放棄」をはっきりと決めたのが、この9条なんだ。

どういうものか詳しく見ていこう。

1 「話し合いで解決したほうが賢くね?」

日本国憲法ができた当時でも、国として軍隊や戦争を認めないことは、実はあまり珍しいことじゃなかった。

たとえばフランス革命でできたフランス共和国憲法でも、侵略戦争を禁止していた（まあ実際は戦争ばかりしていたけど）。20世紀にも1921年のリヒテンシュタイン公国憲法でも、特別な場合を除いて軍を持つことが禁止されていたんだ。リヒテンシュタイン公国とは、スイスとオーストリアに囲まれているヨーロッパの国だよ。また、1928年の国際連盟時代にパリで交わされた「不戦条約」（「戦争抛棄《ほうき》ニ関スル条約」）も有名だね。

さらに第一次世界大戦後なんかからは、それぞれの国単位ではなく、いくつもの国が集まって国際的に戦争を避けようとする動きが見られるようにもなったんだ。それは第一次世界大戦以降、戦争があまりに大きなものになってしまって、国と国とがそのままぶつかる「国家総力戦」というようなヤバい感じになってきたからなんだ。毒ガス、飛行機、機関銃などもあり、戦争の地獄っぷりがすごくなった。

戦争の結果、ぼろぼろになったヨーロッパの人たちは、「このままいくと人類は戦争で全滅してしまうかもしれない……」ということを本気で考えるようになる。そして、「なんとか戦争は終わったけど、戦争で膨《ふく》れ上がった軍隊を維持するのにも、めちゃくちゃお金がかかるじゃん……」ってことも各国の頭痛の種になっていた。

結果、「戦争しないで、できるだけ話し合いで解決したほうが賢くね？」ってことで、国際連合の前身である国際連盟が発足されたわけ。

この国際連盟の規約前文には、「加盟国はできるだけ戦争はしないように！」ってことが書かれているよ。先に出てきた「不戦条約」もこの流れにあるものなんだ。

これ以降は、国どうしで戦争が起こりそうになったら、国際連盟が仲裁に入ったり、みんな一緒に軍隊を小さく（軍縮）したりして戦争を避けるようになっていったよ。ちなみに日本も、第一次世界大戦で勝った側の一員として国際連盟の常任理事国、つまり中心メンバーになった。

でも大国アメリカは最初から加盟せず、イギリスをはじめ各国も、「いやー、基本的に戦争はしないけど、うちの利益を守るためにやむをえない場合ってありますよねー。当然うちは独立国家ですし。自分の利益を守る権利は認めてもらいますよー。それが自衛ってもんです！」という態度をとっていたように、戦争そのものを禁止することにはならなかったんだ。ルールを破った加盟国に対してはペナルティとして経済制裁しかできず、効果は弱かった。

そうして1930年代から国際連盟の常任理事国であった日本も、領土や利益をめぐって中国大陸に軍隊を送り込み、戦争へ突き進んでいく。この過程で国際連盟を脱退。これらがその後、日中戦争、第二次世界大戦へと広がっていく原因の一つになってしまったわけ。

第二次世界大戦が終わってから、国際連盟はもっと強い権限を持つものとして再出発した。これがいまの国際連合（国連）だ。

2 「国民を守るために軍隊も持ちませんから！」

そして現在の日本国憲法にとって重要な点は、「戦争しないほうが得だよね！」っていうものではなく、「国民の人権を守るために戦争を放棄します！そのためにも軍隊そのものを持ちませんから！」というところにまで踏み込んだところ。そういう意味で、過去に例のない憲法になったんだ。

まず「国民の人権を守る」というのは、コラム1の「そもそも憲法ってなに？」でも見たように、立憲主義国家の軸になっている考え方だよね。

憲法学者の長谷部恭男先生は、『憲法とは何か』（岩波新書）のなかで、ルソーさん（再び登場。音楽家でもあったという多才っぷり）の論文「戦争および戦争状態論」を参照しながら次のようなことをいっているよ。

「国は『人権を守りますよ』っていうお約束のうえに成り立っているわけだし、人権に対するとんでもない攻撃である戦争なんてことを国がするなら、そのお約束自体をなしにして、国そのものをなくしてしまうのもありだよね」（↑これは僕のザックリした意訳です）

日本国憲法は、そういうことにならないために、戦争そのものをあらかじめ否定している、と見ることもできる。

もちろん、「戦争で負けたんだから、軍隊を取り上げるよ！」っていう話はよくあることで、憲法の制定に深く関わったアメリカとしても、そういう思惑もあったかもしれない。

とはいえ憲法学的には、日本国憲法というものは、**「国民の人権を守るために戦争を放棄します」っていう「人権の保障」と「戦争放棄」をセットにした「積極的平和主義」のうえに成り立っている、なかなか画期的なもの**なんだ。中央アメリカ南部のコスタリカにも「戦力は持たない」とする憲法があるね。ちなみに「侵略戦争はしない」というタイプの憲法は、第二次世界大戦のあとにいくつか登場したよ。ドイツやイタリア、あと韓国なんかだ。

3 「攻めてきた相手から身を守ることだけに専念します！」

そして日本国憲法のなかで、はっきりと「戦争を放棄し、軍隊を持つことも認めない！」ということを、明確にいっているのがこの9条だ。

第9条　俺たちは筋と話し合いで成り立ってる国どうしの平和な状態こそ、

大事だと思う。だから国として、武器を持って相手をおどかしたり、直接なぐったり、殺したりはしないよ。もし外国となにかトラブルが起こったとしても、それを暴力で解決することは、もう永久にしない。戦争放棄だ。

2項で、1項で決めた戦争放棄という目的のために軍隊や戦力を持たないし、交戦権も認めないよ。大事なことだから釘さしとくよ。

9条だけ見ると、「え、自衛隊は戦力や軍隊じゃないの？」と思う人がいると思うけど、日本政府としての言い分はこんな感じ。

「いや、とはいっても、やっぱ国として最低限の備えはいりますよー。なんかあったときに困りますし。だから自衛隊は憲法が禁止している戦力や軍隊ではなくてですね……、国際法で国家に認められてる、自衛のための組織なわけでして……」

そして自衛権（個別的自衛権）を国として発動できるのは、次の場合だけとしている。

・どっかの国が日本を攻撃してきた（わが国に対する急迫不正の侵害がある）
・やらなきゃ、やられる（そのときに身を守るためにほかの手段がない）
・やりすぎない（必要最小限度の実力行使にとどまる）

※カッコ内は防衛省ホームページ参考

この3つの原則にしたがうやり方は、「専守防衛」と呼ばれる考え方だよ。つまり「もし攻撃をするとしても、攻めてきた相手から身を守ることだけに専念しますから！」っていうことだね。

自衛力としての自衛隊は、いい装備を持っていて、生真面目な国民性のおかげか、技術を日夜磨き、かなり優秀らしいね。

たとえば海上自衛隊が持っている最新のイージス護衛艦は、世界でも最高レベルの性能と価格とのこと。その反面、遠くを攻撃できる爆撃機や空母は持っていなくて、自衛隊は防衛特化の軍事力ということになっている。余談だけど、外国との共同演習で自衛隊の携行食はかなり評判いいらしいよ。ちなみに前にアメリカ軍の携行食を食べたことがあるけど、無骨な味がした……。

また安全保障だけでなく、災害救助でもノウハウを持ち、東日本大震災でも自衛隊は活躍したよね。

インフラが破壊された状況では、交通路の整備や物資の輸送、医療、果ては炊き出しや即席お風呂まで自力でまかなえる軍事的な組織は、やっぱ強いわ。

ちなみに予算規模では、かつてGDPの1%程度に抑えるという方針があって、5兆円弱が計上されてきたけど、2016年度には初めて5兆円を超えて世界でも第8位だ。

余談だけど、陸上自衛隊の某駐屯地では、お土産に陸上自衛隊クッキーが売られているらしい。90式戦車を表面にあしらい、サクサクの食感とのこと。食べてみたい。

4 「自衛隊は違憲なの?」

でも「自衛隊そのものがどう見ても戦力だから違憲だ!」っていう意見も根

強くある。たとえば、1973年に「長沼ナイキ裁判」という裁判で、「自衛隊って憲法的にどうなの？　違憲なの？　合憲なの？」っていうことを裁判所に確認する裁判が開かれたことがあるよ。

長沼ナイキ裁判とは、北海道長沼町にある国の土地に、ミサイル基地をつくるために当時の農林大臣が「ミサイル基地はみんなの利益（公益）になるから！」ってことで、「森を伐採してもいいよ！」っていう許可を出したら、地元住民が「自衛隊は憲法に反しているし、公益にあたらないから、森林の伐採はナシでしょ！」と国を訴えた裁判のことだよ。

1973年の地方裁判所での第一審では「自衛隊はやっぱ戦力だから違憲です」っていう判決が出た。だけど、国の側がこれに納得できないとして高等裁判所で仕切り直すことになった。すると今度は逆転して、政府の「自衛隊は戦力でなく自衛力です！」っていう言い分が認められたんだ。

実際に国民が自衛隊をどう見ているかというと、「さすがに無防備じゃまずいよね」ってことで、自衛隊を認める人もいる。

これは私見なんだけど、グレーな立場にいることで、軍事的な性格や行動を必要最低限に抑えられているんじゃないか、って思っている。

自衛隊のほかにも日本を守るための力はある。日米安全保障条約（いわゆる日米安保）という日米間の決めごとで、「日本になにかあったときは、アメリカ軍が助けるぜ！　ＨＡＨＡＨＡ！」という取り決めがなされているしね。

この日米安保によってアメリカ軍が日本に駐留することになったことについては昔、「武器を持った軍隊が日本にいてもいいなら、戦力を持っているのと変わらないんじゃないか！」ってことで裁判になったことがある。

この裁判では、「アメリカ軍の駐留は、国として身を守るために必要なものだ」っていう政府の言い分を、裁判所がおおむね認める判決が出ているよ。

だけど国内では、「アメリカに頼らず、自分たちでやっていけるようにするべきだ！」「アメリカの戦争に巻き込まれるかもしれないから、アメリカ軍の駐留そのものをやめるべきだ！」っていう意見を持っている人もいる。

また、国内のアメリカ軍基地が集中している沖縄県では、「事故や犯罪で迷惑だから、アメリカ軍はとっとと出て行け！」っていう意見もある。

あるいは、「アメリカ軍が日本にいるせいで、逆に日本が敵視されている」

という意見もある。

しかし反対に、「戦後からずっと日本を支援して、経済でも強く繋がっているアメリカとよい関係を続けるために必要だ！」っていう考えや、「自前で全部まかなうより、アメリカとシェアしたほうが、コストも抑えられるからよくね？」っていう意見もある。

また、「日本を攻撃すると、世界最大の軍隊を持つアメリカが黙っちゃいないけど大丈夫？」っていう意味で、ほかの国が日本に攻撃してくるのを思いとどまらせる力もあるという見方もあるんだ。これは日米安保の持つ「戦争の抑止力」と呼ばれているものだよ。

９条についていろいろ見てきたけど、なによりも平和のうちにみんなが安心して暮らせることが一番よいことだと僕は思う。

もし自民党の憲法改正論議がより本格化してきたら、アメリカとの関係についても、いまよりもっといろいろな議論が出てくるだろうけど、どうなっていくのかな。

追記

2015年に成立した安保関連法で、日本の安全保障の「何が変わったのか」を少しだけ見てみよう。

コラム3でも触れたとおり、自衛隊は個別的自衛権（日本に攻めてきた・やらなきゃ、やられる・やりすぎない）だけで対応するって建前だったけど、これからは集団的自衛権も行使できるようになった。

集団的自衛権というのは、国連憲章で加盟国に認められているもので、身内がことを構えたら一緒に反撃するということだ。ジャイアンが誰かと喧嘩になったらスネ夫が助太刀《すけだち》するみたいな話だね。

新しくなった防衛省の集団的自衛権についての見解はこんな感じ。

1．日本は攻められていないけど仲のいい国が攻撃された

2．ほっとくと日本までやばくなりそう

3. 日本がなんとかするしかない
4. やりすぎない

つまり日本が直接攻撃をされていなくても、自衛隊が「武力の行使」をできることになった。具体的にいうと、アメリカに向かって発射されたミサイルを日本が撃ち落としたり、アメリカ軍を守るために戦ったり、戦闘に必要な武器なんかの輸送もできる。これから戦闘に行く戦闘機や攻撃機に給油ができるようにもなった。

またアメリカの同盟国からなる、いわゆる多国籍軍にも同じことができるようになった。これはアフガニスタン侵攻とかイラク戦争でも結成されていて、アフガニスタンではイギリスのヘンリー王子も戦闘ヘリのパイロットとして従軍したね。

日本は荷物を輸送したり給油したりという後方支援をやっていたけど、今後はこういった軍事行動にもっとがっつり「自衛」として参加していくことになる。

また自衛隊は、自衛隊がそこにいる期間は戦闘が起こらないだろうと考えられる地域だけで後方支援活動をできることになっていたのだけど、今回からは「戦闘現場」以外、つまり活動をする時点で戦闘が行われていなければ活動できるようになった。

ちなみに活動中に攻撃を受けたらどうするのかというと、中谷《なかたに》元《げん》防衛大臣（当時）によれば、最低限の自衛だけをするので「武器を使って反撃しながら任務を継続することはない」（2015年5月27日衆議院安保法制特別委員会）とのこと。大臣の答弁のとおりに自衛隊が活動をするならば、たとえばアメリカ軍の戦闘物資を届ける途中で攻撃されたら、身を守るために最低限の反撃だけをして、任務は続行しないことになるらしい（大丈夫？　頼んだ荷物こないぞってアメリカに怒られない？）。

それで、こういう活動をどこでやるかについての防衛省の見解はこんな感じ。「日本国内だけというわけではなく、そのときの状況によっていろいろですよ」と。

今後は自衛隊の海外出張ももっと増えそうだ。

政府としては、中国と尖閣諸島のことでピリピリしたり、北朝鮮のミサイル問題なんかで最近はやたら物騒だ、という考えによって、アメリカともっと関係を深めて抑止力を高めようという狙いがある。「アメリカさん、これからはもっとそっち手伝いますんで、なんかあったら頼みますよ。うちはアメリカさんがいなきゃ困るんですから」ということだ。

一方で、安保関連法に反対する立場からすれば、ある国とアメリカが戦争になったら、日本もセットで攻撃されることになりかねないじゃん、という話。アメリカに攻撃をしようとしている国（あるいは組織）からすれば、「いっちょアメリカにぶっこもう！ 日本が邪魔する？ じゃあ日本にもぶっこもう！」みたいなこと。また相手からしたら、日本には攻撃してないけど、アメリカなんかと一緒にこっちを攻めてきたから、日本にもやり返す、という報復の口実を与えてしまうという指摘もある。

また自衛隊が参加する国連のPKO（停戦監視や戦災者保護なんかの平和維持活動）では、他の国から来てるPKO部隊やNGOスタッフが攻撃されたら自衛隊が反撃する「駆けつけ警護」や、自衛隊員がPKO部隊を統括する指揮官をやることなんかもできるようになった。

これまで見てきたような活動を通じて、国際社会に対して日本の存在感をアピールするという外交的なメリットも期待できる一方で、やはり反対意見も根強い。これまで以上に戦争の当事者国になる可能性が高いというのは、デメリットのほうが多いだろうってことだね。

安全保障というのは自分たちの安全のためという面と、日本が国際社会のなかでどういう立場を狙うのかという外交的な面もある。

これから日本は、世界のなかでどういう国になっていくんだろうね。

大変話題になっていた安保法制について、ここまで、その手段と目的に分けて考えてきた。こういうかたちにしたのは、一連の議論のなかで、この二つがごっちゃになったまま話が進んでしまった場面が多々あったように思えたからだ。なにごともそうだけど、なにかを話し合うときは、絡んでくるいろいろな要素をきちんと分けて、それぞれについて検討を重ねていく、というやり方を踏まないと、なにがなんだかわからなくなってしまう。

あとになってから、「どうしてこうなった……」と途方にくれても遅い。

僕たち日本人が戦争とどう向き合うかの話をしているんだから。

COLUMN4

女系・女性天皇についてこれだけは知っておこう！

ここでは、２００６年ごろに話題になっていた女系・女性天皇について取り上げるよ。女性の天皇はアリなのかナシなのか、ひいては天皇の地位はどうやって継いでいくかという問題だね。

まず、関係してくる憲法の条文と、皇室典範を見てみよう。

第２条　天皇は世襲っていって、親から子へと継いでもらうよ。これは国会で決めた皇室典範っていうのにしたがって決まるよ。

皇室典範（口語訳）
第１条　天皇の位は男系の男子が継ぐよ。

合わせると、天皇になれるのは天皇の息子、つまり男の子だけって読めるよね。

で、そもそも「男系の男子」ってなにかといえば、「父方の血を引いている男子」のことなんだけど、ちょっとわかりづらいから、国民的家族である「サザエさん」の磯野家を例に、いまの皇室典範の仕組みを見ていこう。

家長＝波平《なみへい》……磯野家の代表である波平さんが、ここでは天皇家の代表、つまり現天皇に相当するよ。

男系男子＝カツオ……カツオくんは、波平さん（男系）の息子（男子）だから、磯野家の**男系男子**にあたる。カツオくんは問題なく次の天皇になる権利があるよ。

男系女子＝ワカメ……ワカメちゃんは、波平さん（男系）の娘（女子）だから、磯野家の**男系女子**になる。ということで、ワカメちゃんは天皇になる権利はないよ。

女系男子＝タラオ……タラちゃんは、波平さんが家長である磯野家の娘（男系女子）であるサザエさんの息子（男子）だから、**女系男子**ってことになるんだ。タラちゃんは天皇になる権利は残念ながらないよ。

女系女子＝ヒトデちゃん？……サザエさんには娘がいないから、磯野家には女系女子はいないけど、もしもサザエさん（女系）に娘（女子）が生まれたら、その子が**女系女子**ってことになるね。名前はヒトデちゃんとかになるのかな？このヒトデちゃんも天皇になる権利はないんだ。

（番外編）部外者＝マスオさん……波平さんに比べると、カツオくんになめられがちなマスオさん。サザエさんの夫である彼は、皇室典範的に見ると磯野家にとって部外者ということになる。居候婿《いそうろうむこ》の悲哀というやつだね。

とりあえず皇室典範はこんな感じ。

皇族の家系図（一部）

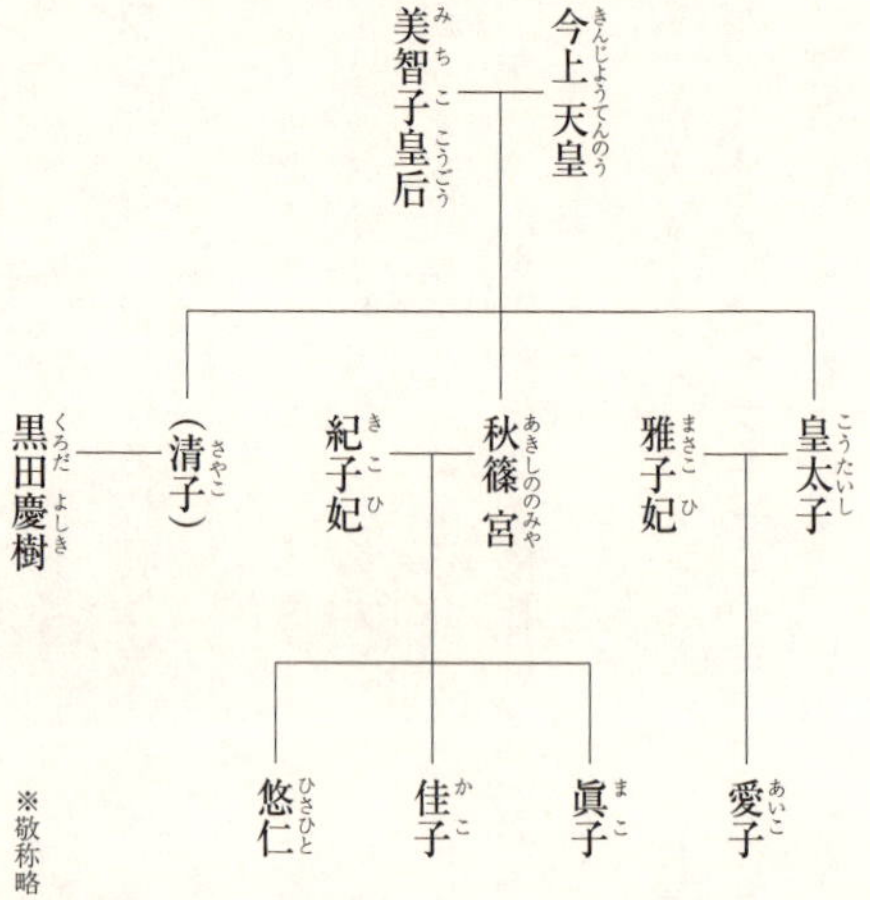

さて、磯野家のみなさんには世田谷区にお帰りいただいたところで、本題に入ろう。まず、上の家系図を見てほしいんだけど、このなかで現在天皇の跡を継ぐ権利（皇位継承権）がある男系男子は3人で、優先順に並べると次の感じ。

①皇太子にあたる徳仁《なるひと》さま
②皇太子の弟にあたる秋篠宮文仁《ふみひと》さま
③秋篠宮文仁さまの長男にあたる悠仁《ひさひと》さま

２００６年に秋篠宮文仁さまに長男の悠仁さまが生まれるまでは、盛んに、「男系女子が天皇になれるよう『皇室典範』を変える必要があるのでは？」といわれていたのは、次のような理由があったからだよ。

・現在の皇太子にあたる徳仁さまが次の天皇になれる人だったんだけど、その皇太子に息子がいなくて、娘である愛子さまは男系女子だった。
・徳仁さまの次に天皇になれるのは、秋篠宮さまだったんだけど、そのお子さんの眞子さまと佳子さまも男系女子だった。

それで、皇太子（徳仁さま）が次の天皇になるってなった場合、男系男子にあたるお子さんがいなかったから、その次の天皇には秋篠宮さまがなる予定になっていた。

だけどそこからが問題で、秋篠宮さまのお子さんが、男系女子にあたる眞子さまと佳子さまだった。

つまり当時は、その次に天皇になる権利のある次世代の男系男子がいなかった。**このままいくと、文仁さまの次に天皇になれる人がいなくなってしまうよね……。**

そこで、男系女子（愛子さま、眞子さま、佳子さま）にも天皇になる権利が生じるよう、「皇室典範を『男系女子も天皇になる権利があるようにする』っていう方向に改正したほうがよくね？」っていう議論が盛んになっていったわけなんだ。

でも、この話し合いは、いまは下火になってきている。その理由は、秋篠宮さまの息子で男系男子にあたる悠仁さまが生まれたからなんだ。これによって次の天皇は皇太子の徳仁さまで、その次は秋篠宮さま、さらにその次は悠仁さまが天皇になれるから、多くの人が、「これでしばらく皇室典範はそのままでいいよね」と思えた。

これまで日本の皇室はもちろん、将軍家、大名家、公家、武家もみな男系男子の血の繋がりで続いてきたという伝統があるからね。

でも一部では、「まだ皇室典範を変える必要あるんじゃない？」と思っている人や、反対に「いやいや、皇室典範を変えるべきではないでしょ」と考えている人もいる。それは、次のような理由からだよ。

〈皇室典範はこのままでいい！派〉

・日本の「家制度」は、昔から男系の繋がりを維持してきたし、皇室典範もそれにしたがっていくべきじゃない？

・天皇のなにが大事かって、やっぱ日本という国ができて以来ずっと続いてきた伝統でしょ。いままで男系男子で継いできた伝統ははずせないって。

・天皇で大事なのって、やっぱ初代の神武《じんむ》天皇の血筋や遺伝子[*2]でしょ。その遺伝子を絶やすべきではないんじゃない？

*2 人の遺伝子には、X染色体とY染色体がある。男性は染色体の組み合わせがXY、女性はXXとなる。そしてX染色体とY染色体のうち、Y染色体は男性だけが受け継ぐものだから、女性天皇を認めると、初代天皇のY染色体が途切れてしまうということ。ただし歴史学界では、神武天皇の実在性については疑われているらしい。

〈皇室典範は変えるべき！　派〉

・4代先の天皇になれる男系男子（3代先は悠仁さまの代で、その次の世代で天皇になる権利のある人）がまだいないことには変わりがないから、どっちにしろ皇室典範を変えたほうがのちのち揉《も》めないし、安心できるんじゃない？

・そもそも男系を重視する日本の「家制度」感覚が時代遅れだし、日本国の象徴である皇室の制度としてふさわしくないんじゃない？

・憲法で決められている男女平等は、皇室も含めるべきじゃないかな。女性や女系を認めないのはまずくない？　だから「男系女子」も「女系男子」も「女系女子」も「女性天皇」も認めるべきじゃない？

現在、こういった議論が一部で続けられているけど、もっと突っ込んでいくと、さらに複雑な問題になっていく。それはどういうものかというと、いまの憲法の前にあった大日本帝国憲法では、天皇陛下は「神様です」みたいなポジションにいたわけだけど、現在の憲法では「日本国民がまとまっていることを示す象徴」になったよね。

で、そのことを踏まえると、象徴としての天皇を、国のなかでどういう立ち位置にするかが問題になってくる。ざっくりいうと、「天皇ってなに？」っていう憲法の最初の最初、第1条をじっくり考える必要が出てきたんだ。

また、憲法の問題としてじゃなくても、天皇制についてはいろいろな考え方の人がいて、なかなか決着がつかない難しい問題なんだよね。

まあ、こういった問題はさておき皇室は、いまの憲法になってから、国民にとって親しみが持てるものになるということを大事にしてきた。この方針に合う皇室制度のあり方って、はたしてどういうものなんだろう？

人それぞれの価値観の問題にもなってくるから、天皇制ってなかなか複雑な話だよね。

追記

2016年に今上天皇が、個人としての考えを「おことば」として発表したのだけど、これがいわゆる「生前退位」を提起しているのではないかという話になり、その是非の議論がされている。

そして2018年で現在の皇太子である徳仁さまへ譲位することが特例措置として決まりつつあるのが2017年2月現在の状況だ。

この議論は、日本にとって天皇とはなんなのか、またそれにふさわしい制度のかたちはどういうものなのかなど、憲法第1条が定める天皇という存在の根本に関わる話だ。

陛下の「おことば」は宮内庁のホームページに全文が載っているので、そちらを読んでみよう。

実は「おことば」を僕なりに要約してみようと思い書いてみたのだけど、それはやめることにした。別におそれ多いからというわけではないんだけどね。

編集するという行為は、どんなに中立であろうと心がけたとしても、編集をする人間（ここでは僕）のスタンスが入り込んでしまう。

日本における天皇という存在の大きさを考えるに、その発言や権威を自身のスタンスと結びつけて語ることは、非常に問題があると思ったからだ。

そんなわけで、重要と思える点については直接「おことば」から抜粋して引用するにとどめて話を進めていこう。

でもこれにかぎらず、引用もどこをどう引用するかで大分印象が変わってしまうので、できるだけオリジナルにあたることをおすすめする。

まず冒頭を引用しよう。

「私も80を越え、体力の面などから様々な制約を覚えることもあり、ここ数年、天皇としての自らの歩みを振り返るとともに、この先の自分の在り方や務めにつき、思いを致すようになりました」

そして自身が考える象徴天皇としての務めで、重要な点については以下のとおり。

「天皇が国民に、天皇という象徴の立場への理解を求めると共に、天皇もまた、自らのありように深く心し、国民に対する理解を深め、常に国民と共にある自覚を自らの内に育てる必要を感じて来ました。こうした意味において、日本の各地、とりわけ遠隔の地や島々への旅も、私は天皇の象徴的行為として、大切なものと感じて来ました」

つまり天皇は国民と共にある存在であるべき、というのが今上天皇の考えであるといえるだろう。実際に東日本大震災のときは、避難所で被災者の人たちを直接お見舞いしていたね。

退位ではなく、仕事を減らしたり、摂政(憲法5条)を立てて代行してもらうとかはいけないの? という疑問を持つ人もいるかもしれないけど、

「天皇の高齢化に伴う対処の仕方が、国事行為や、その象徴としての行為を限りなく縮小していくことには、無理があろうと思われます」

「(摂政を立てたとしても)天皇が十分にその立場に求められる務めを果たせぬまま、生涯の終わりに至るまで天皇であり続けることに変わりはありません」

という箇所があるんだ。

また、これまで天皇の地位にある人物になにかあった場合は、社会が混乱し停滞してきたこと、天皇の喪儀などの儀式と、新しい天皇が即位する儀式が同時進行になってしまい、家族や関係者が大変な思いをすることに触れ、「こうした事態を避けることは出来ないものだろうかとの思いが、胸に去来することもあります」としている。考えてみれば、身内を亡くして辛いときに、「即位おめでとう」というのも複雑なのかもね。

「おことば」のなかで、今上天皇は直接に生前退位の意向を示してはいないけど、やはり政治的権能を持たない（憲法4条）自身の地位の特殊性を意識してのことだと推察できると僕は思う。

さて、「おことば」をうけて議論が始まったのだけど、これは天皇という存在を考えるにあたって、とても大きなテーマにぶちあたる。

それは、天皇というのは、これまで長く続いてきた天皇という伝統を受け継ぎ、そして先へ繋いでいく伝承者であること自体に価値があるのか、それとも現在の憲法にある象徴としての務めを果たすことに価値があるのか、ということと。

少しややこしいから簡単にまとめると、天皇はいてくれればそれでいいのか、それとも天皇はやることやるから意味があるのか、という話だ。まさに天皇ってなに？　というところの根本だ。

政府はこの問題について専門家を集めて意見を聞いているのだけど、保守派の論客としても知られる麗澤大教授の八木秀次《ひでつぐ》さんは「天皇は日本の国家元首であり、祭り主（国の儀式の主）として存在することに最大の価値がある」とした上で、生前の退位はよろしくないと発言した。

ちなみにいまの憲法でも法律でも、天皇を国家元首とするルールはどこにもなく、2012年に自民党が発表した憲法改正草案などで出てくる考え方だね。

ほかにも東京大学名誉教授の平川祐弘《すけひろ》さんは、象徴としての役割のために大事なこととして全国各地を旅することを位置づけているのは、今上天皇個人の考えであり、それを皇室典範なんかに盛り込むのは問題だとする意見もある。

また、そもそも政治的な権能を持たないはずの天皇の発言によって、法律を改正するというのが問題だっていう意見もあるけど、この点については、天皇の「おことば」を提案や指示ではなく、あくまで問題提起の一つとして考えている、ということで話が進んでいるようだ。

一方で作家の保坂正康さんは、天皇が果たすべき務めとして、今上天皇が取り組んできたような象徴天皇としての役割を重視して、生前退位を認めるべきだ、という意見だ。

このように意見や考え方は様々だ。

世間のみなさんはどう思っているんだろう。朝日新聞の調査では91％が生前退位に賛成だというデータもあるね。もちろんアンケートでは「なぜ賛成／反対なのか」はわからないんだけど、みんなはどう思う？

現在は冒頭でも触れたように、生前退位は一代かぎりの特例措置にしようという方針で進んでいる。これは日本にとっての天皇の位置づけと、その制度について今後も議論を続けるけど、「とりあえず」のことなのか、それとも生前退位を恒久的に認めるのはよろしくないとしてのことなのか。

今上天皇が、これまで自身の大事な仕事としてきた「象徴的行為」は、憲法

4条で天皇の仕事として定められた国事行為ではないのだけど、憲法1条の「国民統合の象徴」とは具体的にどういうものであるのかを、今上天皇が考えて探ってきたなかで作り上げてきたかたちといえる。

この象徴天皇のあり方を、どう評価して、これからどうしていくのか。まだまだ論点は尽きない話だね。

憲法1条っていう憲法の最初の最初の問題は、これからどうなっていくんだろうね。

ところで今上天皇が退位したあとは、呼び方はどうなるんだろう？　上皇？　それとももしかしてご隠居？　なんだか全国を旅して回りそうだね。人生楽ありゃ苦もあるさ、と。

COLUMN5

「将来お世話にならない」とは決していいきれない生活保護ってなに？

前政権である民主党（当時）政権（野田政権）が「社会保障と税の一体改革」をぶち上げたとき、多くの人が、改めて社会保障の問題に関心を抱いたと思う。

最後のコラムでは、当時なにかと話題になった社会保障問題と憲法の関わりについて見ていこう。

そもそも**社会保障**っていうのは、ざっくりいうと**「みんながちゃんと社会の一員として生きていけるようにするね！」ってことで、国が実施する政策のこと**なんだよね。より具体的には**生活保護**や**年金給付**、**医療制度を整えること**とかで、国民の健康と生活を支えることや、みんながちゃんと仕事をできる環境を整えることなんかが含まれるんだ。

不景気で仕事が見つからなかったり、収入が減って困っている人が多いから、生活に直結する「社会保障」が重要な問題なわけ。

突然だけど、みんなは「ナマポ」って言葉知っている？

これは「生活保護」の略称（俗称）で、一時は2012年の流行語大賞の候補になるほど注目を浴びた言葉だよね。

本当のところ、社会保障の問題っていうのはいろいろあって、生活保護問題はその一部にすぎないんだけど、ここではとりあえず社会保障と憲法の関係について、生活保護制度を中心に見ていくことにしよう。

1 生活保護ってそもそもなに？

生活保護の根拠になっている憲法の条文は、25条と25条の2項。ちょっと復習しておこう。

第25条　俺たちはみんな、健康で人間らしい最低限の生活をする権利があるよ。

2項　国は、このためにできることをちゃんとやれよ。

要するに、「健康で人間らしい生活を送れていない人がいた場合、国は社会保障制度でもって、その人を助けてあげなきゃいけないよ！」ってことだ。

その制度の一つに、生活保護があるってことだね。

ちなみに社会保障制度っていうのはコラム1で触れたけど、社会権を実現する政策の一つだ。

それで、生活保護を受けることができるのは、次のような人だよ。

①養わなきゃいけない家族がいるのに、高齢だったり、心や身体の病気を抱えていたりして働けない人

②働いていても、最低限の生活を営むのに必要なだけの収入が得られない人

で、右にあげたような人たちのうちで、家にある高価な物を売ってお金にし

たり、年金なんかのほかの社会保障制度を使っても、まだ生活に必要なお金が足りない人が、生活保護を受けることができるんだ。

こういうと、身ぐるみはいで初めて生活保護をもらえるみたいだけど、「持ち家や車、子どもを学校に通わせるためのお金は持っててもOK」っていう場合もあるよ。

ただし、車や不動産のローンを返している最中だったり、すごい豪邸を持ってたりしたら、処分してお金にしなきゃだめなんだ。

②のとおり、働いている人でも、生活に必要な基準額に届かない場合は、その足りない分をもらうことができるんだ。

たとえば「収入が10万円しかなくて、生活に必要な基準が15万円だった場合は、差額の5万

生活扶助額の例（住宅扶助を除く/平成28年度）

	東京都区部等	地方郡部等
標準3人世帯（33歳、29歳、4歳）	160,110円	131,640円
高齢者単身世帯（68歳）	80,870円	65,560円
高齢者夫婦世帯（68歳、65歳）	120,730円	97,860円
母子世帯（30歳、4歳、2歳）	189,870円	159,900円

※厚生労働省「生活保護制度の概要等について」より

円をあげます」って感じだね。

こういうふうに、「この人は生活保護を受けなきゃヤバい」って認められると、家族構成や住んでいる地域の物価などを考えて、実際に支払われる金額が決まるんだ。

だいたい、どのくらいの額を生活保護世帯が受けているかがわかるのが右の表だ。平均的な世帯とされる、アラサー（30歳前後）のお父さんお母さんと小さな子ども1人の3人で暮らしている家族（標準3人世帯）の場合、東京では月額16万1110円、地方では13万1640円を受け取っている感じだね。

2 生活保護は激増してるって本当？

では実際、どのくらいの世帯が生活保護を受けているのか？

それがわかるのが次ページのグラフだ。

これは、その年度に生活保護を受けた世帯の数がどう変わったかを表しているグラフだよ。ちなみにこれは年の累計であって、その年にこの世帯数がずっ

生活保護を受けている世帯の推移

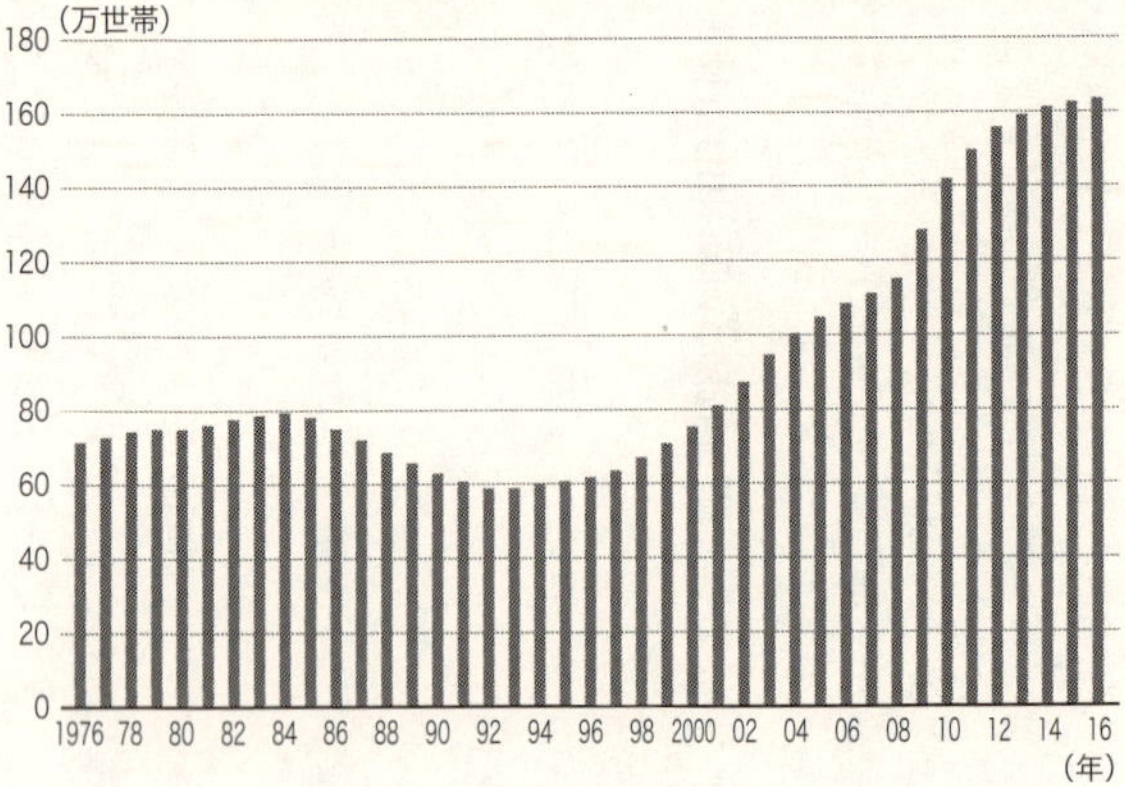

※厚生労働省「被保護者調査」(平成26年度月次確定値)および
「被保護者調査」平成27年度、28年度より著者作成

と保護を受け続けているわけではない。さすがにこれだけの世帯数を養い続けたら国が破綻しちゃうからね。

このグラフを見ればわかるとおり、保護を受けた世帯は、1993年の約60万世帯を境に増え続けていて、2016年には約160万世帯にも上っている。日本でバブル崩壊が起こったのが1991年だから、それ以降の長引く不況や労働形態の自由化、高齢化の影響も受け、年々生活保護受給世帯が増えていることがよくわかるよね。

一般会計予算と社会保障予算(平成28年度)

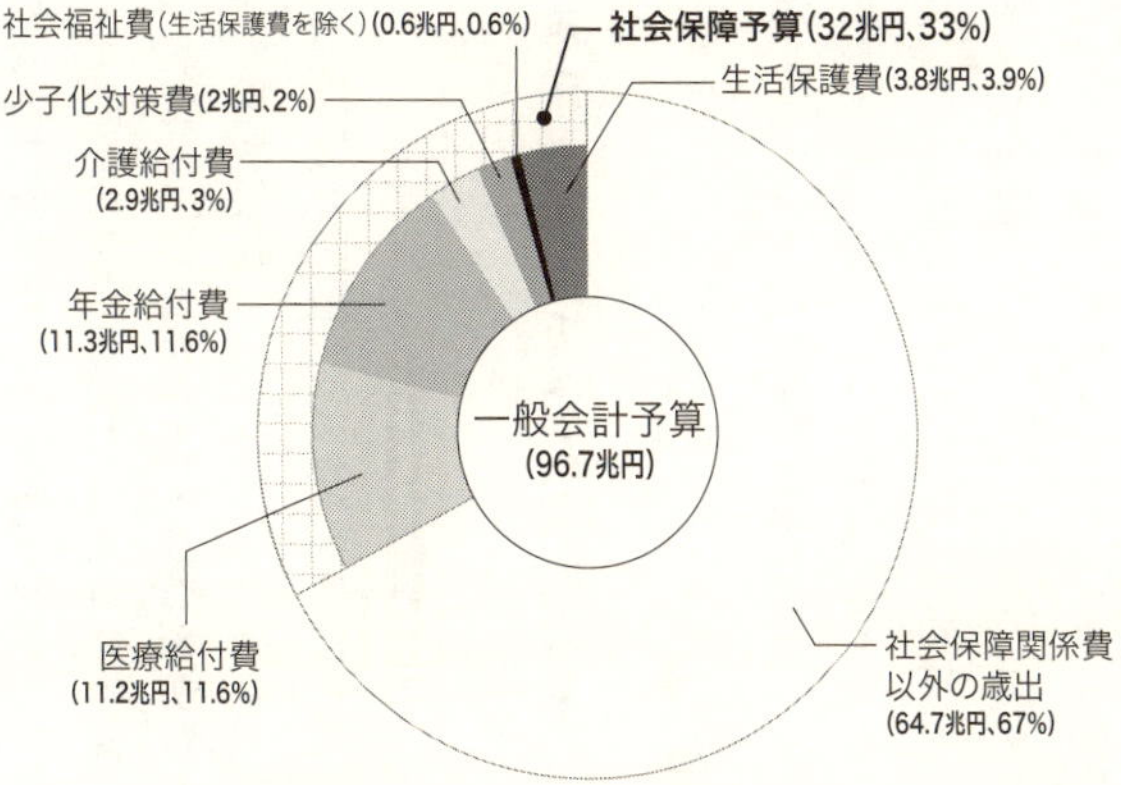

※厚生労働省「平成28年度社会保障関係予算のポイント」より著者作成

で、この生活保護による給付金の費用は、国の社会保障予算っていう枠のなかから出ている。実際はどれくらいのお金が生活保護費としてかかっているのか、上のグラフで見てみよう。

まずもって平成28年度の日本の一般会計予算は約96兆円になっている。それで、グラフのなかで一番占める割合が大きい部分以外が、年金や医療保険、生活保護費などの社会保障予算だ。

日本の一般会計予算のなかで社会保障予算として捻出《ねんしゅつ》されている額は32兆円で、日本の予算全体のなかで33％が社会保障予算として使われていることがわかるね。

そして問題の生活保護費。これは**年間で3・8兆円が使われていて、日本の国家予算全体のなかから3・9％が使われている計算になる**よ。このグラフを見ると、生活保護の割合は意外に低いってことがわかる。

生活保護費の問題を考えるってことは、日本の国家予算のなかの3・9％の部分について考えることだと認識しておく必要があると思う。

3 不正受給ってそんなに悪？

2012年、かなり稼いでいそうなお笑い芸人さんのお母さんが生活保護を受けていることが問題視されたよね。そのことをきっかけに、生活保護に関わる不正や不平等をメディアが大きく扱うようになったのは周知のとおり。

生活保護を受けるためには、「助けてくれる家族や、親族がいないこと」が条件とされる場合もあるんだけど、民法では**「家族はお互いに助け合うことを求めているから」**というのが、その根拠になっている。

だけど、現在の生活保護法では、具体的に「助け合う」ことが規定されているわけではないんだ。

生活保護の受付窓口になっている各福祉事務所は、生活保護受給の申し込みを受けたら、家族に「援助できない？」って確認するけど、それぞれいろいろな事情があって助けてあげられないことも十分ありえるからね。

だから、法律的にいうと、本来はその芸人さんを安易に責めることはできないんだ。だけど不景気で経済的に苦しい生活をしている人が多いせいか、納得できないという人が出てきてしまうのかもしれないね。

実際に、以前から生活保護の不正受給は問題になっていて、たとえば生活保護を受けている患者に必要のない治療までして、国にその分を水増し請求していた病院が処分を受けたり、路上で生活している人——いわゆるホームレスの人の生活保護の手続きをかわりにやって、支給される生活保護費の大部分をピンハネする業者も摘発されているし、収入や財産を隠したまま生活保護を受けるケースなんてのもあるみたいだ。

じゃあ、実際に**生活保護の不正受給**って、生活保護全体の何パーセントくらいなのか？

厚生労働省の2013年度の調査結果によると、生活保護の予算約3・6兆円に対して、約187億円分の不正があったことがわかっているんだ。**これは生活保護予算全体に対する割合としては、0・5%くらい**なんだって。実際にはもっと多い可能性はあるかもしれないけどね。

また一口に「不正受給」といっても、3年間にわたって収入を隠して200万円以上を不正に受給していたとして詐欺罪で摘発されたような悪質なケースもあれば、高校生の子どものアルバイト代も収入として申告しなければいけないということを知らずにいたというケースもあって、内容はさまざまだ。

4 「生活保護ってずるい」は本当？

生活保護の不正受給問題のほかに最近注目を集めているのは、「法律で決められた最低賃金で働いた月収と、生活保護の支給金額を比べると、生活保護でもらえる金額のほうが多いケースが結構あるじゃん！」という問題だ。

「汗水たらして働いて得た給料より、なにもしないでもらえる生活保護のお金のほうが多いなんて、働くのがバカらしくなるよ！」って感じるのもわからないではないよね。

では東京都に住む夫婦と4歳の子どもの世帯（3人家族で、いわゆる標準世帯）を例に計算をしてみよう。

まず夫婦のうちのどちらかがなにかの事情で働けないとして、働き手は一人と仮定する。東京都の最低賃金の932円の仕事を月に1日8時間×22日間行うと、収入は16万4000円くらい。扶養控除とか保険料、税金を差し引くと、手取りは約15万円。一人暮らしならまだしも、これで家族3人が過ごすのは辛いっていうか、相当厳しい。

生活保護を受給すると、それぞれの世帯や状況に応じた最低生活費が算出されて、それに足りない分が支給される。ここでは両親ともに職がなく、収入は0円と仮定しよう。

生活扶助が親子3人（児童養育加算が1万円）で約14万8000円で、ここにそれぞれの世帯から決まる標準家賃分が支給されて、これがだいたい7万円。

合わせると約21万8000円が最低生活費になる。ちなみに医療費は指定の病院に行けば無料だ。

働いた場合の月収約15万円に対して、生活保護を受給した場合は約21万8000円。差額は6万8000円。

差額を数字だけ見ると「お、おう」ってなるけど、ちょっと考えてみよう。最低賃金のバイトで親子3人が生活するっていう前提がハードすぎる気もする。当然だけど、制度上は、働いていても最低生活費に足りない差額分を、保護費としてもらうことはできることになっている。

この「差額」は大きな問題だとされて、これを解消しようということで生活保護費が削減されたね。

でも、そもそも最低賃金が低すぎるのか、フリーターや派遣なんかの不安定な雇用形態で働き続けなきゃいけない人が多いのが問題なのか。

見方はさまざまだし、解決は容易じゃなさそうだよね。

5 生活保護はこれからどうなるのか

２０１３年３月、政権与党の自由民主党は政権公約のなかで、「給付水準の10％引き下げ」を打ち出していた。でも、もしそうする理由が「不正受給者が多くいるため」であったり、「最低賃金とのバランスをとるため」であるとするなら、いくつか気になることがある。

まず予算全体に対して、０・５％の不正受給のために、生活に困っている人全体が割を食うって、ちょっとおかしな話だよね。

次のページのグラフは、２０００年から２０１４年までの生活保護受給を開始した世帯が「どういった世帯なのか？」を示すものだけど、このグラフからわかることは、実は生活保護を受けなければならなくなった理由の大半は、障害や病気や高齢で働けない「障害・傷病者・高齢者世帯」であったり、「母子家庭」であったりするということだ。

つまり、多くの人がステレオタイプに生活保護の受給世帯像として思ってい

生活保護を受給している世帯構成の推移

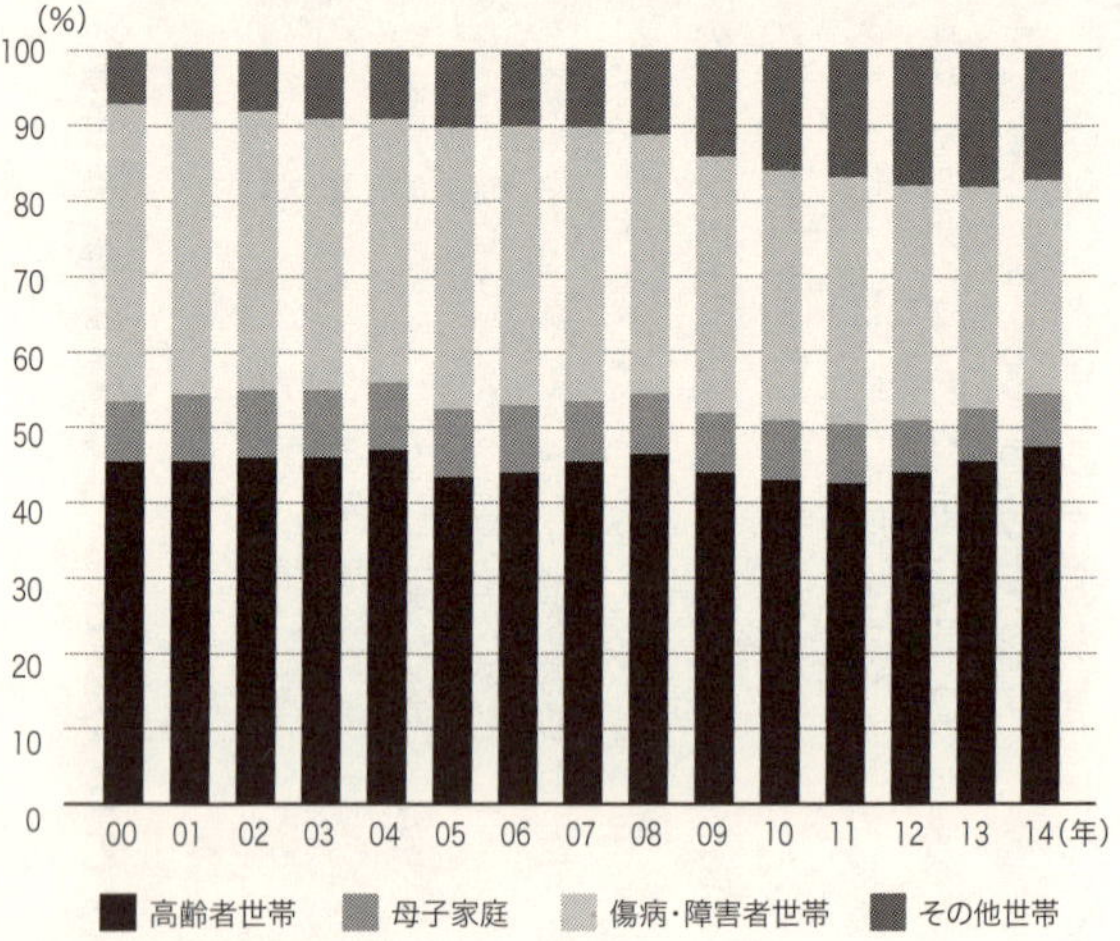

※平成23年度以前は「福祉行政報告例」。平成24年度以降は「被保護者調査」より筆者作成

るであろう「働けるけど不況で職がないために生活保護を受けざるをえなくなった世帯」というのは、「その他世帯」に分類されている人たちにすぎないということになる。

つまり、多くの働きたくても働けない人たちへの配慮がなされないまま、単純に「不正受給や最低賃金世帯との不公平感の問題があるので、生活保護は一律に10％カットです！」なんてことになったら、それは結果的に「働きたくても働けない障害者や傷病者、母子家庭なんかの人たちからも一律に給付金を10％カットします」ということになってしまう可能性があるということ。これについては、「それはちょっと酷いかも……」って思う人もいるかもしれないね。

また「水際作戦」と呼ばれるものが報道されているけど、これは各地の福祉事務所の窓口で、係員が間違った情報を与えたり威圧的な態度をとったりして、申請をはねのけているというものだ。

これは北九州市で生活に困った人が生活保護を申請しながらも受けつけてもらえず、餓死してしまったという事件が発覚したことにより注目された。

このように生活保護費の問題は、人の生き死にや生きる尊厳に関わる話なわけで、そもそも景気全体の問題とか人口減少や高齢化社会の問題とも密接に関わってくる。

だから、その制度設計・制度変更について考える場合、印象論のみで語るだけでなく、よくよくデータを精査して、注意して見ていく必要があると思うんだ。また統計というのは、その数字がどうやって集められたのかでだいぶ変わってくるし、その数字の読みとり方でも、かなり意味や印象が変わる。

たとえば警察がある時期に交通違反取り締まりを強化して、たくさん違反を摘発したとすると、統計の上ではその時期だけ違反数がグンと増えるけど、世間のドライバーがその時期だけ荒ぶっていた、とはいえないよね。そういう話もありうる。

2013年6月には生活保護法の改正案が自民、民主、公明などによる賛成で、衆院で可決された。2008年以降はリーマンショックによる景気悪化で「その他世帯」が急増しているけど、それに対応してか改正では、生活保護を受けている人が働いて自立できるようにするサポートが強調されている。

生活保護の問題は、今後ますます注目が集まるテーマだ。

追記

176ページの資料で見たとおり、生活保護を受けている人の数はいまだに増加傾向が続いている。

自民党ら政権与党による生活保護法の改正は、その後2013年には実現し、さらに2016年の改正を経て、現在の生活保護制度は運用されている。改正によって、どういった点が変わったのか？ それはこんな感じだ。

「働ける人は保護を受けていても、できるだけ働いて自活できるようにがんばってね」

つまり、仕事を見つけられるように職員がハローワークや企業面接に付き添ったり、安定した仕事を見つけて自活できるようになったら就労自立給付金をあげるということで働こうとする気持ちを伸ばすことなんかだ。

就労自立給付金について説明をしよう。

生活保護で支給された金額と、働いて得た収入を合わせても、生活のために必要な最低限の基準以下であるなら、仕事をしてもいいんだ。

これまでの制度では、生活保護を受けている間の労働で得た賃金は、勤労控除（月額最大で5万円くらい）を超える分を生活保護費から差し引いていたのだけど、これではいくら働いたって、そのお給料は控除分しか手元に残らないから、働き甲斐があまりないって思ってしまった人が働く意欲をなくしてしまうという指摘があった。
新しい給付金制度では、勤労控除を超えた分を生活保護費から差し引くのはそのままだけど、控除を超えていた分の一部を積み立てておいて、保護が必要でなくなったときに支給するということをやっている。生活保護を受けつつも仕事を続ける意欲を持ってもらおうっていうことだね。
ちなみに就労自立給付金は、単身世帯で10万円、2人以上で15万円が上限だ。

「身内でなんとかならない？」

保護を申請したり受けたりしている人の身内に、その人の面倒を見られそうな人がいたら、そっちに問い合わせがいくことになった。
でも必ず連絡するのではなく、個々のケースに応じて対応する。DVから逃げてきたとか、音信不通だったりすると、連絡はしない方針らしい。

「きちんとした生活をしよう」

保護を受けている人は生活習慣をきちんとしなさいよ、ということで、乱れていたらちゃんとした生活をするように指導をする。生活が乱れると病気になったりで医療費もかかるし、仕事を見つけることもできないということだね。

「保護なめんな。不正は罰する」

ある自治体で、生活保護を担当する部署の複数の職員がこう書かれたジャンパーを着て仕事をしていたのが報道されて大きな問題になったけど、改正された生活保護法では、不正の摘発と罰則が強化された。罰金の上限が30万円から100万円になったりね。

と、まあこんな感じ。

ところでジャンパーについては僕も思うところがあるから、ちょっとだけそれについて書くよ。

確かに不正は罰すべきだし、制度を悪用する人がいるせいでインターネットで「生活保護」と検索しようとすると、検索予測で「生活保護　不正受給」が出てくるくらいイメージが悪い。

でもさ、そういう一部の人のために多くの人が犯罪者予備軍みたいに見られちゃうのってやっぱりおかしいよ。

想像してほしいんだけど、もし将来生活保護を受けなきゃやっていけない状況になって役所に行ってさ、出てきた職員がそのジャンパー着てたらどう？　ビビってなにも申請できずに帰ってしまう人もいるんじゃないかな。

２０１４年にこんな事件があった。母親と中学生の娘の母子家庭で、母親が生活に困り千葉県で生活保護を申請しに行ったけど、窓口で受けつけてすらもらえなかった。そして県営住宅の家賃すら払えず、退去させられる日に娘を殺してしまった。

また、２０１０年に大阪ではシングルマザーが２人の幼児を自宅に放置して死なせてしまった事件。２００６年に京都では失業して生活に困りつつも、年老いた母親の介護におわれた息子が母親を殺してしまった事件。きちんと制度が機能していれば、こういうことは起こらなかったのかもしれない。少なくとも、こんなことになってしまうリスクは減っていたはずだ。

では、なぜ制度があるのに機能しないのか。その原因の一つとして、各自治体で福祉の仕事をする職員たちもギリギリの環境で働いていることも考えなくちゃいけない。

各自治体は、その規模に応じて社会保障サービスのための福祉事務所を設置（町村は任意。ほとんどない）して、社会福祉法で決められている必要な人数を配置することになっている。

だいたい職員一人当たり80の生活保護世帯を受け持つことになっているんだけど、福祉事務所は全体の３割が、それだけの職員を配置できていない。さらには基準の半分以下の人数でやっている福祉事務所が全国で6カ所ある。

つまり職員一人当たりの仕事が相当に多くなっている。また社会福祉士や社会福祉主事といった専門資格を持つ人を福祉職として採用するケースは少なく、一般行政職で採用された職員が福祉関係の部署に配置されるケースも多々ある。

しかもこうした現場の実態についての政府調査が、平成21年以降まったくされていない。厚生労働省の「福祉事務所現況調査」が最後だ。

総務省が平成26年に発表した調査でも、人員数については平成21年に厚生労働省がやった資料を引用している。僕がいくら資料を探しても見つからないわけだ。

ここで改めて声を大にして物申したい。官僚のみなさんはちゃんと調べてください。また政治家のみなさんは、官僚や研究者の人が必要な調査をきちんとできるだけの環境を整えてください。現場でどれだけのリソースが必要なのかを考える材料がなければ、保護費削減だ不正は許さないっていってもなんともなりませんよ。

もし最後の調査がされて以降に、人員の配置を全国的に一斉に見直したとかでないなら、こう人手が足りないうえに、改正された生活保護法により、職員がやる仕事がかなり増えていることになる。そこらへん、どうなっているんですか？

まずはきちんとした環境を用意してください。

僕からは以上です。ご静聴ありがとうございました。

……………

というわけで、以上でコラムもおしまいです。

……………

著者あとがき

こむずかしい話はこれでおしまい。

皮肉なことに、この本を書いている間は、大学に入ってから一番勉強をしていた。

お風呂のなかでも資料を読んでいたくらいだ。おかげで樋口陽一先生の『憲法』(創文社)は、手垢と傍線と湯気で大変なことになっている。

この情熱を学業に向けていたら、大学の成績だってもうちょっとマシになっていたはずだけど、どうも昔から学校は苦手だ。

中学もろくに行かなかったし、高校も中退している。そうして定時制に入り直して、24歳でいまだに大学生をやっているのだ。かなり遠回りをしてきた。

でも物事は最短距離で済むことばかりじゃないよね。おかげでこうやって本を出すチャンスにも恵まれているし、いろいろな出会いもあった。

憲法だってきっと同じだ。

憲法の97条に「過去幾多の試錬に堪へ」とあるように、日本国憲法はすったもんだの右往左往の末にようやくできたものであることは触れたとおり。いきなりすべてがうまくいくことなんてない。

新聞でもニュースでもネットでも普段の生活でも、ややこしい問題は山積みだ。そして、それぞれの意見を持つ人たちが真剣に話し合って、ときにはケンカして、さらに問題をややこしくしている。「これまで費やした時間はなんなの？」ってことで、本当に疲れてしまうよね。

なにが正解かはわからないけど、すべてをカンペキに解決できる答えなんかない、ということだけはわかる。だって世のなかにいろいろな考え方や意見があるのは、絶対に正しいものなんかないからじゃない？

憲法の前文はこういっている。

「人間相互の関係を支配する崇高な理想を深く自覚するのであつて、……」

それを僕は次のように読んだ。

「人間って本質的にはお互いにちゃんとうまくやっていけるようにできてると

信じる」

青臭いと笑われるかもしれないけど、僕は人間を信じている。

いろいろな人がケンカしたり、いい合ったりしているのは、いつかは答えらしきものが出てくると信じているからじゃないかな。

これを書いている間に、外は明るくなってきた。一晩中ずっとランダム再生にしていた音楽プレーヤーは、ボブ・マーリーの"no woman, no cry"を引き当てた。

everything's gonna be all right, everything's gonna be all right……

大丈夫。きっとうまくいく……

でも、そのために僕たちがやるべきことは多い。

最後に謝辞を。

長峯信彦教授。憲法学のプロとしてはもちろんのこと、文章作法からコラムに挟む小ネタまでご指導をいただいた。過労のせいか、日に日に顔色が悪くなっていった。教授の健康が心配だ。

友人である室井幸彦さんと若山和樹さんには、助言と励ましをいただいた。よく行くたこ焼き屋「まる福」のミッチーさん。いつもごちそうさまです。高校時代から変わらず友人でいてくれたNをはじめ、多くの友人たちと家族。これらの人たちがいなければ、本を出すどころか、僕はとっくに野たれ死にしていただろう。本当にありがとう。

小突き回してくれたネット住民のみなさん、なんというかありがとう。

またネットに書き込んだ直後から素早く反応し、声をかけてくれた乙丸益伸さんと杉山洋祐さんはきっかけを与えてくれただけでなく、深夜も早朝も時間を問わず原稿作業を一緒に進めてくださった。幻冬舎の四本恭子さんにもとても熱心なご指導をいただいた。プロフェッショナルな仕事人に囲まれたおかげで、なんとか完成させることができた。ありがとうございます。

この本に関することで唯一残念なのは、祖母に見せられないことだ。僕が大学に入る直前に亡くなってしまった。

とても優しくて冗談が好きで、女性が大学に行くことがいまほどは一般的じゃなかった時代に法学部を卒業し、キャリアウーマンのはしりみたいな人生を送った祖母は、僕の自慢だ。僕が法学部を選んだのも祖母の影響が大きい。

話し始めたら終わらなくなりそうなので、このへんで終わりにしようと思う。

読んでくれてありがとうございました。またどこかで。

２０１３年６月

塚田　薫

監修者 あとがき

塚田薫君は、異色の学生である。いままで彼はいろいろと苦労や回り道をしたこともあり、現在、愛知大学法学部の憲法ゼミに4年生として在籍しているが、年齢は24歳である。

彼の個性は、そんな経験や来歴をよい意味で反映していると思う。

彼の持ち味は、端的にいって、ほかの学生にはない「独特のふんわり感」とでもいうべきユニークさである。

シャープに切り込むタイプではなく、どちらかというと、柔らかくふんわりと人や事にあたっていく学生である。

だから本書を手にされたみなさんが、もし、たとえば憲法30条の口語訳「いいか、お前ら、よく聞け。税金は払え」などをご覧になったら、「なんて『上から目線』の嫌なヤツだろう」と思うかもしれない。が、実際にはそんな人間ではなく、世のなかのマイノリティへの配慮も十分にある心優しい青年である。

今回の出版話は、実は私の知らないところからスタートした。2012年の秋のある日、塚田君が突然、

「いまネット上で憲法の口語訳を書いているんですけど、こんど出版しないかって話があって、その際は先生に監修をお願いしたいんですが、どうでしょうか?」

と依頼に来たのだった。

「えっ? ネット上で憲法の口語訳? 出版!? 監修!?」

驚いて、彼の口語訳を読ませてもらった。正直いって、ユニークで面白いと思った。

塚田君の独特の感性がよいかたちで出ている。しかし反面、これで出版というのは、いささか粗すぎるとも思った。

ネット上で趣味的に書くのとは異なり、本として出版するならば、内容をもっときちんと磨く必要があり、論理と知識を身につける厳しい覚悟が必要ではないかと思った。

一口に憲法の「わかりやすい口語訳」といっても、ただ単にわかりやすい日

常の言葉に置き換えさえすればよいのでは決してなくて、細かいところまで深い意味のある憲法の一言一言を、あまたの日常語から適切に選り分けて、的確に訳語を当てていく必要がある。

それには当然、この70年近くの間、激しくなされてきた憲法解釈論争史の主要なところくらいは勉強しておかなければならない。

本来、膨大な時間のかかる仕事である。そのため、この半年間、かなりの局面で私が指導するというかたちをとらざるをえなかった。

塚田君にとっては、さぞかし鬼コーチに映ったことだろう。

そのことは逆に、監修者である私も大きな責任を負っているということでもある。たとえば憲法99条。

原文では「天皇又は摂政及び国務大臣、国会議員、裁判官その他の公務員は、この憲法を尊重し擁護する義務を負ふ」とあるが、口語訳では「総理大臣やほかの大臣、国会議員、裁判官、公務員、天皇や摂政は、この憲法をきちっと守ってね。これ義務だからな」とした。

これは、憲法99条のエッセンスが、99条の対象として明記されている重い役職に対して、まずもって「憲法を尊重し擁護する義務」を課している、という実質を重視した結果である。つまり憲法尊重擁護義務は、公務員全員にはもちろん課せられているが、それ以上に、なんといっても「公権力者」、すなわち行政権を有する「国務大臣（総理大臣とほかの大臣全員）」、立法権を有する「国会議員」、司法権を有する「裁判官」、に対してこそ課せられているものであり、国家の三大権力をしっかり拘束する条文であるので、そこが明確になるようにした。まさに立憲主義の基本中の基本のところである。

あるいは憲法13条。塚田君の元の口語訳では単に「人」になっていたが、抽象的な「人」一般と、一人一人個性と人格を持った具体的存在としての人間を意味する「個人」とでは意味がかなり異なるので、憲法原文の「個人」という言葉をきちんと口語訳に残すようにした。

憲法13条は、憲法全体を貫く、最も根本的な価値原理である「個人の尊厳」の規定であり、極めて重要なところである。

このように監修者としては、憲法の原文にある極めて重要なキーワード——たとえば、9条の「永久に」「戦争放棄」、99条の「義務」などは、なるべく原形のまま、口語訳に残すことを強く奨めた。ヘンに言い換えると概念がかえって歪んでしまうからである。

逆に、口語訳の12条「横着すんなよ」や13条「政治家とか役所の人たちはがんばってくれよ」といった箇所、あるいは24条「結婚したら、仲よく助け合って、幸せに暮らせよ」などは、すべて最初から塚田君オリジナルの表現であり、見事だと思った。

このように彼とは膨大な時間をかけて、一つ一つ慎重に検討していった。このほかにも、解説やコラムの文章なども含め、監修者として強く示唆して決定したところが多数ある。

ただ、塚田君の元の口語訳が持っている塚田調とでもいうべき「味」については極力損なわない、というのが私の基本方針だったので、あくまでも専門家としての意見を書くにとどめたつもりではある。

だから、もし憲法の専門家がご覧になっても、ある程度のレベルまでは（もちろん完全にでは決してないが）、その目に耐え得ることもあるのではないかとひそかに自負しているが、今後忌憚《きたん》のないご意見・ご批判を頂戴できればと思う。

最後に、幻冬舎の四本恭子さんには、本当にお世話になった。私のところに子どもが生まれたり講演等々の仕事の関係で多忙を極め、塚田君との協議が中断した時期もあり、その間いろいろとご心配をおかけした。にもかかわらず、最後まで辛抱強くおつき合いいただき、またベテラン編集者として上手にリードしてくださったことに塚田君ともども、改めて心から感謝申し上げたい。

2013年6月

長峯信彦

文庫版　著者あとがき

お久しぶりです。といっても単行本を買って、そのうえ文庫本まで買ってくれた人はどれだけいるのかわからないけど、そうでない人には初めまして。

さっそくだけど、本を出して、あちこちで話をしたり、ちらほらと文章を書いたりしてってことをやってるうちに、なぜ僕がこういうことをやろうと思ったのかについて言葉にして考えるようになった。

それは多分僕が根っからのひねくれ者だからだ。


「これこれについて語るときはこうやらなきゃいけませんよ」みたいな不文律(特に決められているわけではないけど、なんとなくみんながそれに従っているルール)が見えたような気がすると、それにちょっかいを出さなきゃ気が済まないんだ。きっかけはイタズラ心だった。

ちなみに2015年にライターの武田砂鉄さんが書かれた『紋切型社会　言

葉で固まる現代を解きほぐす』という本を、とてもゲラゲラ笑いながら読んだ。そう、この感じ。

ただこういうお約束は便利なもので、お約束を把握している人同士なら余計な説明なしに話が進められるっていうこともある。たとえば映画のなかでやたら顔が青白くて猫背の人が出てきたら「あ、幽霊だな」とわかるみたいにね。でもこれを重ねすぎると、そのお約束を把握していない人や、違うお約束でやってる人と話すときにまったく嚙み合わなくなっちゃう。「幽霊？　二日酔いの人じゃん」みたいになる。

こうなってくると本当に話し合うべき問題なのに、その前の段階で止まってしまう。こういうことって憲法についてもあちこちであるんじゃないかな。もちろん憲法にかぎらず（コラムで書いた話とかも）なんだけど、どっちが正しいとかはさておき話が進まない。そしてどうでもよくなっちゃう。みんなで話し合わなきゃいけないことなのに。

憲法をこういう感じの口調で喋る文体で、っていうので重なりに重なったお約束が多少でもフラットになる話し合いの土台を提供できるんじゃないかなと僕は思った。本書のコラムも、フラットなところからっていうのを意識して、実際の資料から組み立てることをできるだけ丁寧にやったつもりだ。まあこれは人に読ませるモノを書くには当たり前なことなんだけど。

でも、そういうことより、読んで楽しんでもらえたならそれが一番嬉しいし、やりたかったことなんだよね。

ちょっと軽い話を。

単行本が出てから3年くらい経っただけだけど、随分と変わったといえばそうだし、変わっていないといえばそう。

たとえば僕は27歳になって、単行本が出た24歳のころに想像していた27歳とも17歳の自分とも大分違います。けど大して変わっていないところもある。

何事もそんなもんじゃないでしょうか。

1989年の人が想像していた2017年と、いま僕たちが生きている2017年は随分と違うでしょう。だってプロレス団体のオーナーとかやってたお調子者のおじさんがアメリカの大統領になってるんだよ？　僕がいまあとがきを書いてるiPhone6sだって、30年前の人に話したらアレな人扱いは間違いないね。

僕の好きな歌手だってデビューはキワモノ扱いだったのにいまとなってはオリンピックの演出家になったりして、彼女の歌詞を借りるなら「未来は不知顔《しらん》さ、自分で創っていく。」そんな心境というか現状。「背後はもう思い出」。もしかして強がりなのかもしれないけどね。

閑話休題。

僕の人生も、この社会も、先のことはなんにもわからないけど、それなりにやっていくしか、違うな、どんなことになったって僕らはそれなりにやっていけるんだろう。

「歌ってる場合ですよ！　どんな時代だってこの世に人がいる限り」

僕が一番好きなラッパーがそう歌っているのを聴きながら、この文庫版も売れてくれたら嬉しいなと思いつつ。それと最近生まれた2人の姪がそれなりにやっていけたらいいなとも。あとこの本に関わってくれた人たちも。長峯先生とは最近お会いしていませんが、息子さんはお元気ですか。

まあきっとみんなそれなりにやっていけるだろう。これまでもそれなりにやってこれた。ここは変わらない。

亡き祖母よ、着々と増えているあなたの子孫が世界を支配する日も多分遠くない。

こんなにもふざけたきょうがある以上どんなあすでもありうるだろう

そう歌ったのは歌人の枡野浩一さんなんだけど、とにかく、そう深刻になるなって。笑いとばしてやろう。どんな明日がきたって。

PS

ここ数年は働いたりあれこれの合間に名古屋市が出資してる生活保護世帯の子どもたちに勉強を教える塾の手伝いをしているのだけど、こういうのは市民税の払い甲斐もあるってもんだ。僕がこうして生活していられるのもなんだかんだ勉強したからだしね。そしてなにより楽しい。

親御さんが外国の方で三カ国語話せる生徒（僕より英語がうまい！）がいたり、障害がある生徒もいたり、はたまた学校はさぼるけど塾には来る生徒もいたり。そういう多様な生徒が集まって勉強したり遊んだりお喋りしたり。

それでこういうことやってるっていうと「かわいそうな子たちに救いを」みたいな顔されることがあるけど、なんか居心地が悪い。だって下の世代に楽をさせてやれるようにするのは俺たち大人の義務じゃん。彼ら、彼女らは当たり前に思いっきり勉強したり、泣いたり笑ったりする。

やはりまだまだ僕たちがやるべきことも多いし、そしてできることは多い。みんなで等しく貧しくなろうなんていってる人は放っておいて。

こういうことばかりじゃなくても日々の生活だっていろいろと大変だけど、きっと、うまくいく。

それではまたどこかで。読み終わった本は置いて、好きな歌でも聴いて、なんならお茶でも飲んで。

2017年2月14日　　塚田　薫

引用リスト。よかったら手にとってみてね。

武田砂鉄『紋切型社会　言葉で固まる現代を解きほぐす』（朝日出版社）
枡野浩一『てのりくじら』（実業之日本社）
東京事変「スーパースター」（アルバム「大人」より）と「私生活」（アルバム「娯楽」より）
ライムスター「そしてまた歌い出す」（アルバム「POP LIFE」より）

この作品は二〇一三年七月小社より刊行されたものです。

幻冬舎文庫

●最新刊
スクールセクハラ
なぜ教師のわいせつ犯罪は繰り返されるのか
池谷孝司

相手が先生だから抵抗できなかった——一部の不心得者の問題ではない。学校だから起きる性犯罪の実態を10年以上にわたって取材してきたジャーナリストが浮き彫りにする執念のドキュメント。

●最新刊
天才シェフの絶対温度
「HAJIME」米田肇の物語
石川拓治

塩1粒、0.1度にこだわる情熱で人の心を揺さぶる世界最高峰の料理に挑み、オープンから1年5ヶ月という史上最速で『ミシュランガイド』三つ星を獲得したシェフ・米田肇を追うドキュメント。

●最新刊
医者が患者に教えない病気の真実
江田　証

胃がんは感染する!?　風呂に浸からない人はがんになりやすい!?　低体温の人は長生きする!?　内視鏡とアンチエイジングの第一人者が説く、今日からすぐ実践できる最先端の「健康長寿のヒント」。

●最新刊
ナオミとカナコ
奥田英朗

望まない職場で憂鬱な日々を送る直美。夫のDVに耐える専業主婦の加奈子。三十歳を目前にして、受け入れがたい現実に追いつめられた二人が下した究極の選択とは？　傑作犯罪サスペンス小説。

●最新刊
料理狂
木村俊介

1960年代から70年代にかけて異国で修業を積んだ料理人たちがいる。とてつもない量の手作業をこなし市場を開拓し、グルメ大国日本の礎を築いた彼らの肉声から浮き彫りになる仕事論とは。

幻冬舎文庫

●最新刊
危険な二人
見城　徹
松浦勝人

出版界と音楽界の危険なヒットメーカーが仕事やセックス、人生について語り尽くした「過激な人生のススメ」。その場しのぎを憎んで、正面突破すれば、仕事も人生もうまくいく！

●最新刊
竜の道　昇龍篇
白川　道

50億の金を3倍に増やした竜一と竜二。兄弟の狙いは、少年期の二人を地獄に陥れた巨大企業を叩き潰すこと。バブル期の札束と欲望渦巻く傑作復讐劇。著者絶筆作にして、極上エンターテイメント。

●最新刊
子どもの才能を引き出すコーチング
菅原裕子

子どもの能力を高めるために必要なのは、その子の自発性を促してサポートする「コーチ」というあり方。多くの親子を救ってきた著者が、そのコーチング術を37の心得と共に伝授する。

●最新刊
人生を危険にさらせ！
須藤凜々花
堀内進之介

「将来の夢は哲学者」という異色のアイドルNMB48須藤凜々花が、政治社会学者・堀内先生と哲学ガチ授業！「アイドルとファンの食い違いについて」などのお題を、喜怒哀楽も激しく考え抜く。

●最新刊
ちょっとそこまで旅してみよう
益田ミリ

金沢、京都、スカイツリーは母と2人旅。八丈島、萩はひとり旅。フィンランドは女友だち3人旅。昨日まで知らなかった世界を、今日のわたしは知っている——明日出かけたくなる旅エッセイ。

幻冬舎文庫

●最新刊
ふたつのしるし
宮下奈都

田舎町で息をひそめて生きる優等生の遥名。周囲に貶されてばかりの落ちこぼれの温之。二人の〝ハル〟が、あの3月11日、東京で出会った。出会うべき人と出会う奇跡を描いた心ふるえる愛の物語。

●最新刊
私たちはどこから来て、どこへ行くのか
宮台真司

我々の拠って立つ価値が揺らぐ今、絶望を乗り越え社会を再構築する一歩は、「私たちはどこから来たのか」を知ることから始まる――戦後日本の変容を鮮やかに描ききった宮台社会学の精髄。

●最新刊
誓約
薬丸　岳

家族と穏やかな日々を過ごしていた男に、一通の手紙が届く。「あの男たちは刑務所から出ています」。便箋には、ただそれだけが書かれていた。送り主は誰なのか、その目的とは。長編ミステリー。

●最新刊
総理
山口敬之

決断はどう下されるのか？　安倍、麻生、菅……それぞれの肉声から浮き彫りにされる政治という修羅場。政権中枢を誰よりも取材してきたジャーナリストが描く官邸も騒然の内幕ノンフィクション。

●最新刊
花のベッドでひるねして
よしもとばなな

捨て子の幹は、血の繋がらない家族に愛されて育った。祖父が残したB&Bで働きながら幸せに過ごしていたが、不穏な出来事が次々と出来し……。神聖な村で起きた小さな奇跡を描く傑作長編。

増量《ぞうりょう》 日本国憲法《にほんこくけんぽう》を口語訳《こうごやく》してみたら

塚田薫《つかだかおる》・著 長峯信彦《ながみねのぶひこ》・監修

平成29年4月15日 初版発行

発行人――石原正康
編集人――袖山満一子
発行所――株式会社幻冬舎
〒151-0051東京都渋谷区千駄ヶ谷4-9-7
電話 03(5411)6222(営業)
03(5411)6211(編集)
振替00120-8-767643

印刷・製本―中央精版印刷株式会社

装丁者――高橋雅之

幻冬舎文庫

ISBN978-4-344-42596-5 C0195 つ-11-1

幻冬舎ホームページアドレス http://www.gentosha.co.jp/
この本に関するご意見・ご感想をメールでお寄せいただく場合は、
comment@gentosha.co.jpまで。